ANSELM GRÜN

Um Hino ao Amor

EDITORA SANTUÁRIO
Aparecida-SP

DIRETOR EDITORIAL:
Marcelo C. Araújo

EDITORES:
Avelino Grassi
Márcio F. dos Anjos

TRADUÇÃO:
Nélio Schneider

COORDENAÇÃO EDITORIAL:
Ana Lúcia de Castro Leite

COPIDESQUE:
Leila Cristina Dinis Fernandes

REVISÃO:
Bruna Marzullo

DIAGRAMAÇÃO:
Alex Luis Siqueira Santos

CAPA:
Antonio Carlos Ventura

Título original: *Das Hohelied der Liebe*

ISBN 978-3-89680-347-4

* Revisão do texto conforme o Novo Acordo Ortográfico da Língua Portuguesa, em vigor a partir de 1° de janeiro de 2009.

Dados Internacionais de Catalogação na Publicação (CIP)
(Câmara Brasileira do Livro, SP, Brasil)

Grün, Anselm
Um hino ao amor / Anselm Grün; [tradução Nélio Schneider. – Aparecida, SP: Editora Santuário, 2009.

Título original: Das Hohelied der Liebe
Bibliografia
ISBN 978-85-369-0162-6

1. Amor 2. Amor – Aspectos religiosos – Cristianismo 3. Deus – Amor 4. Filosofia 5. Psicologia 6. Vida espiritual – Cristianismo I. Título.

09-03735 CDD-248.4

Índices para catálogo sistemático:

1. Amor: Vida cristã 248.4

Composição, CTcP, impressão e acabamento:
EDITORA SANTUÁRIO - Rua Padre Claro Monteiro, 342
Fone: (12) 3104-2000 — 12570-000 — Aparecida-SP.

Ano: 2013 2012 2011 2010 2009
Edição: **9 8 7 6 5 4 3 2 1**

Sumário

Introdução

Todo ser humano anseia por amar e ser amado. Esse anseio humano originário ganhou expressão desde tempos imemoriais em inúmeros poemas, canções, romances, quadros e esculturas. Toda arte gira, em última análise, em torno do tema "amor": a música o torna audível; os quadros o tornam visível. Simultaneamente, porém, o amor continua um mistério que as pessoas jamais entendem inteiramente. Somos gratos pelo presente do amor. Ficamos tristes, contudo, quando nosso anseio por amor não é satisfeito. O amor pode encantar, mas também provoca muitas feridas. Toda pessoa sabe o que significa amor. No entanto, ao mesmo tempo, temos dificuldade para amar realmente. É necessária uma arte bem própria para aprender o amor. Todas as culturas nos mostraram como o amor pode dar certo. Nesse processo, a sabedoria dos povos sempre acabou ganhando expressão linguística.

Na língua alemã, temos apenas a palavra *Liebe*, que em português significa Amor, para expressarmos – através dela – o seu mistério: o amor entre homem e mulher; o amor de pai e mãe por suas crianças; o amor entre amigos; o amor ao próximo; o amor a si mesmo; o amor de Deus por nós e nosso amor a Deus. Pelo visto, todas essas diversas formas de amor possuem um cerne comum. E este, segundo Jó, é denominado "bem". Esse cerne também está contido nas palavras "crer" e "louvar". Crer significa ver o bem que há no outro; louvar significa dar nome ao bem e pronunciá-lo; e amar quer dizer tratar bem o outro, agir com bondade e benevolência para com ele, porque sou atraído por aquilo que ele tem de bom e tenho sentimentos bons para com ele.

Os gregos diferenciam entre o *éros*, o amor ligado ao desejo, que diz respeito sobretudo ao amor entre homem e mulher; a *filía*, o amor entre amigos, que se alegra com a existência do amigo; e a *agápe*, que é o amor abnegado ao próximo, o amor a Deus e o amor de Deus pelo ser humano. Para os gregos, há três modos distintos de amar e, não obstante, estão todos inter-relacionados. Por exemplo, a *agápe* precisa do *éros* para ter vida e da *filía* para se alegrar com a existência do outro. E inversamente não há *éros* que não tenha parte no amor de amigos e no amor puro que vem de Deus.

O Novo Testamento responde à pergunta pelo mistério do amor tendo em vista Jesus Cristo. Nele, em Jesus de Nazaré, os autores do Novo Testamento reconheceram o que significa amor e como este pretende determinar nossa vida. Em seus escritos, eles mostraram como podemos experimentar o amor e aprender a arte do amor. Dessa forma, eles giram sobretudo em torno do mistério da *agápe*. A *agápe*, o amor puro, o amor divino, não é em primeira linha uma exigência ao ser humano, mas um dom de Deus, mais do que isso, é a essência própria de Deus. Assim sendo, o ensino neotestamentário sobre o amor culmina na palavra da Primeira Carta de João: "Deus é o amor, e quem permanece no amor, permanece em Deus, e Deus permanece nele" (1Jo 4,16). O que não podemos é inverter essa frase. Não podemos simplesmente dizer: o amor é Deus. O que João quer dizer é que a essência mais íntima de Deus é amor. Mas toda pessoa que ama e é amada experimenta, nesse mesmo ato, algo do mistério de Deus.

Por sua essência, Deus é amor. Ele ama os seres humanos. Por amor, ele criou o mundo para compartilhá-lo com suas criaturas. Por amor, ele enviou seu Filho à humanidade. Para o Evangelho de João, o amor é a razão da encarnação: "Deus amou o mundo de tal maneira que entregou seu único Filho, para que todo aquele que nele crê não pereça, mas tenha a vida eterna" (Jo 3,16). Deus quis procurar com amor todos aqueles que tinham se perdido, para que voltassem a encontrar a vida eterna e verdadeira. Seu amor ganhou expressão no amor do Filho. E o amor do Filho ganhou na morte sua expressão mais perfeita: "Por amar os seus que estavam no mundo, ele demonstrou seu amor por eles de modo pleno" (Jo 13,1). Nós, humanos, podemos ter parte no amor de Deus, que foi derramado em nossos corações pelo Espírito Santo (cf. Rm 5,5). Do coração de Jesus fluiu seu Espírito para encher nosso coração com o amor que Cristo cunhou e viveu plenamente para nos servir de exemplo.

A *agápe*, o amor que flui para nós na morte de Jesus e enche nosso coração, quer ganhar expressão em nossa vida. Esse amor quer tornar-se visível em nosso amor a Deus e ao próximo. Mas ele é mais do que uma forma de agir. É uma forma de ser. É um novo ser em Cristo. Ele é o ser mais profundo e a plenitude de todo ser. Os Padres da Igreja de origem grega tentaram relacionar as afirmações da Bíblia com as noções da filosofia grega sobre o amor. A filosofia grega refletia mais em termos metafísicos do que em categorias morais. O que lhe importava era o ser, o fundamento de todo ser. E, para Platão, esse fundamento de todo ser é o amor. Nesse contexto, ele fala do *éros*, que para ele não é tanto o amor ligado ao desejo, mas uma força poderosa que vincula e une todas as coisas. Ele é o impulso para a união.

Em sua interpretação das afirmações neotestamentárias sobre a *agápe*, os Padres da Igreja têm sempre como pano de fundo também a doutrina platônica do *éros*. Eles se propõem a resolver a oposição entre *éros* e *agápe*. Eles não falam só da *agápe* (em latim *caritas* ou *dilectio*) de Deus, mas também do *éros* (latim *amor*) que caracteriza o amor de Deus por nós, humanos. Orígenes chega a reformular a definição de João "Deus é *agápe*" para "Deus é *éros*". Deus ama os seres humanos apaixonadamente. E nosso amor por Deus também deve ser caracterizado pelo ardor do *éros*, do *amor*.

Para mim isso não é simplesmente história da teologia. Vejo nisso antes a tentativa de relacionar o amor presenteado por Deus, que atua em nós por meio do Espírito Santo, com o amor natural e com a potência do *éros*. Sem *éros*, nosso amor a Deus frequentemente fica sem cor, e nosso falar sobre o amor de Deus, sem força. Nosso amor ao próximo torna-se maçante sem *éros*. Somente nos colocamos à altura do mistério do amor quando relacionamos nossas experiências humanas do amor que nos encanta, mas também que nos arrebata, com as declarações da Bíblia sobre o mistério da *agápe*, que perfaz a essência de Deus e na qual temos parte com Jesus Cristo.

Toda a história da teologia é perpassada pela tentativa de interligar os dois polos *éros* e *agápe*. Para mim, isso significa que não falo sobre o amor somente a partir da perspectiva da psicologia, mas que também mantenho em vista a dimensão espiritual. De acordo com o teólogo medieval João Escoto Erígena, o amor é a força natural que move todas as coisas. E Deus é, em última análise, a causa de todo amor. O amor move os seres humanos, uns na direção dos outros. Ele é o motor mais profundo da história. Mas no fundo desse amor, encontramos, no final das contas, Deus como amor.

Sobre o amor já se refletiu e escreveu tanto que fica difícil expressar adequadamente em palavras todo o saber humano ou até dizer algo novo sobre ele. Em consequência, gostaria de limitar-me, neste pequeno escrito, à interpretação do canto maior ao amor, que Paulo entoou na Primeira Carta aos Coríntios (1Cor 13). Trata-se de um texto central do Novo Testamento. Muitos noivos solicitam esse texto como leitura por ocasião da cerimônia de casamento. Eles se inspiram nas magníficas afirmações sobre o amor e têm a sensação de que Paulo está descrevendo o amor que eles têm um pelo outro. Com certeza, as palavras de Paulo também expressam o mistério do amor conjugal. Porém, no texto mesmo não se fala nem do amor entre homem e mulher, nem do amor ao próximo, nem do amor-próprio, nem do amor a Deus. O amor é simplesmente um poder, uma força, que está no ser humano. Posso explicá-lo filosoficamente. Ou posso entendê-lo – a exemplo de Paulo – como dádiva do Espírito Santo. Por meio de Jesus Cristo, Deus nos deu seu Espírito de presente. E esse Espírito é um Espírito de amor. De nós jorra uma fonte de amor. Logo, esse amor como dádiva de Deus pode e quer ganhar expressão concretamente no amor entre homem e mulher, no amor entre amigos e em todas as demais formas de amor que conhecemos. Para Paulo, o amor é um carisma, ou seja, um dom com que Deus nos presenteia por sua graça. Ele é uma capacitação para um novo modo de vida. E, para

Paulo, ele é o dom supremo da graça que Deus nos oferece em Jesus Cristo.

Ao ouvir pregações sobre esse texto como ministrante de cerimônias de casamento, muitas vezes pensei: "Bom demais para ser verdade". Ou eu tinha a impressão de que o pároco estava colocando exigências que o casal de noivos jamais poderia cumprir. Nessas ocasiões, fazia-se uma interpretação, em primeira linha, moralizante do canto maior ao amor: "Não devemos pensar em nós mesmos. Devemos ceder sempre. Devemos encobrir tudo com amor". Com frequência, isso tinha um tom romântico e alheio ao mundo.

Gostaria de interpretar o texto como ele está formulado, tendo em conta seu pano de fundo filosófico e psicológico. E, nessa interpretação, gostaria de transportá-lo constantemente para as experiências de amar e ser amado que todos fazemos em nossas vidas. Desse modo, as palavras de Paulo são Boa Nova não só para os que amam, mas também para aqueles que anseiam pelo amor, mas não o experimentam como esperavam. O texto quer despertar algo também nessas pessoas decepcionadas pelo amor: algo que elas sentem em seu coração e que têm dentro de si. Pois toda pessoa tem dentro de si uma fonte de amor, mesmo que momentaneamente ela esteja soterrada ou talvez tenha se tornado insípida. A Carta aos Coríntios tem uma Boa Nova para todas as pessoas, porque lhes mostra que ninguém está sem amor e que o amor pode transformar a vida de qualquer pessoa.

Ao mesmo tempo, gostaria de situar esse texto sobre o amor num horizonte mais amplo. Paulo não escreveu essas palavras simplesmente a partir de si mesmo. Ele formulou o canto ao amor em um contexto histórico concreto. Este era, em primeiro lugar, seu pano de fundo judaico. Paulo era formado em teologia judaica. Assim, certamente ele entoou o canto de louvor ao amor tendo conhecimento do Cântico dos Cânticos (*Canticum canticorum*) veterotestamentário. Depois, Paulo escreveu esse texto numa situação bem determinada da comunidade coríntia, num momento em que ela estava cheia de entusiasmo pela quantidade de dons espirituais que se manifestavam em seu meio, mas também ameaçava fragmentar-se em virtude de tanta animação. Os coríntios amavam sobretudo os dons extraordinários da profecia, que lhes permitia anunciar coisas secretas, ou da glossolalia, que os levava a falar uma linguagem extática. Nesses fenômenos, eles identificavam a ação do Espírito de Deus.

Paulo indica para sua comunidade um outro caminho, o caminho do amor. Por um lado, esse caminho é mais sóbrio, pois o amor se expressa em modos bem concretos de proceder no cotidiano. Por outro lado, o amor também é fascinante, pois ele dá expressão ao anseio mais profundo do ser humano por transformação, plenitude, encantamento. Para Paulo, não são os dons extraordinários – como o da profecia ou da glossolalia – que apontam para o mistério do Espírito Santo, dado aos crentes através de Jesus Cristo, mas o que conta para ele é sobretudo o amor, que é o maior dom de Deus. Ele constitui a essência daquilo que é cristão. O amor é o carisma por excelência, que deveria caracterizar a vida dos cristãos. Paulo não se vale de termos moralizantes para escrever sobre o amor. Ele está, antes, fascinado pelo dom que Deus nos concedeu mediante o Espírito Santo.

Paulo, entretanto, escreve esse texto também em diálogo – consciente ou inconsciente – com a filosofia daquela época. Paulo não era versado só em teologia judaica, mas também em filosofia grega. Suas cartas permitem concluir que ele conhecia bem e principalmente a filosofia estoica. E ele queria que os cristãos excedessem, por sua conduta de vida, as exigências éticas da filosofia estoica. Assim, ele escreveu à comunidade grega dos filipenses: "Concentrai-vos em tudo o que for verdadeiro, nobre, direito, o que for puro, amável, agradável, o que for virtuoso e louvável!" (Fl 4,8). Trata-se aqui de uma síntese do que a filosofia estoica espera de seus adeptos.

Mas, em seu hino ao amor, Paulo não se reporta em primeira linha à dimensão ética do amor. Ele descreve o amor, antes, como uma força autônoma – de modo semelhante aos filósofos gregos –, como uma fonte da qual haure o ser humano, como uma força que impulsiona o ser humano. Por isso, seu texto sobre o amor evoca textos filosóficos daquela época sobre o mistério do amor. Assim, Platão, certamente o maior filósofo grego, entoa o amor como um poder capaz de provocar muitas coisas no ser humano. Ele o faz com as seguintes palavras:

> Portanto, caro Fedro, devemos considerar Eros como o mais belo e o melhor de todos [esses bens], para que então os propicie a todos os demais. Digamos então, recorrendo à poesia para exprimir o pensamento que me acode, que Eros é quem "traz a paz aos homens, a calma ao mar, o silêncio aos ventos e um dormitar tranquilo, sem sobressaltos". É ele quem nos arranca ao isolamento, quem aproxima os homens.[1]

Aproxima-se mais ainda do hino de Paulo um texto de Máximo de Tiro:

---

[1] N.T.: Trecho do discurso de Agáton, in: PLATÃO. *Banquete*. Trad. de Jean Melville. São Paulo: Martin Claret, 2003, p. 131 [com pequenas modificações para corresponder ao texto alemão].

> O que o amor mais odeia é a coerção e o medo. Ele é altivo e totalmente livre, mais livre até do que Esparta. Porque, de tudo o que existe entre os humanos, o amor, quando habita em estado puro com alguém, é o único que não se maravilha com nenhuma riqueza, não tem medo de nenhum tirano, não se assusta diante de nenhum trono, não teme qualquer tribunal, não foge da morte. Não há besta que o assuste, nem fogo, nem abismo, nem mar, nem espada, nem corda. Mas para ele até o intransponível é transponível, o poderoso pode ser subjugado, o terrível se torna aceitável, e o pesado se consegue carregar... Em toda parte ele ousa, tudo ele abarca com a vista, tudo ele domina.

Nos dois textos, o amor é entendido como dom de Deus que cunha a vida do ser humano e lhe confere um novo sabor. Quem está repleto de amor está protegido contra as turbulências da vida. Ele perde a sensação de alheamento interior. Ele entra em contato consigo mesmo. Ele percebe seu próprio centro.

Platão fala do amor por metáforas. O amor proporciona paz entre as pessoas e nos põe em contato com o espaço da tranquilidade interior em tempos de inquietação e adversidade. O amor abre em nosso coração um espaço em que ficamos sossegados. E ele nos põe em contato com nossa verdadeira essência. Ele nos familiariza conosco mesmos, com a imagem interior e original que Deus fez de nós no princípio.

Em Máximo de Tiro, o amor aparece como força e poder, a que tudo pode resistir. Embora o amor não disponha de armas, até tiranos o temem. Esse tema é recorrente entre os autores gregos. Assim, nos cantos anacreônticos consta o seguinte: “Nem cavalaria, nem infantaria, nem marinha conseguiram destruir-me;

quem me estendeu por terra só com um olhar foi uma nova milícia, bem diferente". O amor encontra um caminho para chegar à outra pessoa que, do contrário, estaria obstruído. Máximo conclui seu texto com um triplo "tudo" ou "em toda parte", de modo semelhante a Paulo, que conclui seu canto de louvor com um quádruplo "ele tudo suporta...".

Assim sendo, na interpretação do canto maior, reiteradamente lançarei o olhar para o pano de fundo filosófico e psicológico e transportarei as palavras para nossas experiências com o amor: para as experiências gratificantes e pungentes, fascinantes e sóbrias, que fazemos constantemente com o amor.

1
O hino ao amor na Primeira Carta aos Coríntios

Ainda que eu falasse as línguas dos homens e dos anjos, / mas não tivesse o amor, / eu seria um bronze que ressoa ou um tambor sendo rufado.

Ainda que eu pudesse falar profeticamente / e soubesse todos os mistérios / e tivesse todo o conhecimento; / ainda que eu possuísse todo o poder da fé / e com ele pudesse deslocar montanhas, / mas não tivesse o amor, / eu nada seria.

E ainda que eu presenteasse todos os meus haveres / e entregasse o meu corpo às chamas, / mas não tivesse o amor, / de nada me adiantaria. O amor é longânimo, / o amor é benigno. / Ele não se exalta, / não se vangloria, / não se envaidece.

Ele não é inconveniente, / não procura tirar vantagem, / não se deixa levar à ira, / não guarda rancor.

Ele não se alegra com a injustiça, / mas se alegra com a verdade.

Ele tudo suporta, / tudo crê, / tudo espera, / a tudo resiste.

O amor jamais acaba. / A fala profética chega ao fim, / a glossolalia silencia, / o conhecimento passa.

Porque fragmentário é o nosso conhecer, / fragmentário é o nosso falar profético; mas quando chegar o que é perfeito, / todo fragmento desaparecerá.

Quando eu era criança, / falava como criança, / pensava como criança / e julgava como criança. / Quando me tornei homem, / despi-me do que em mim havia de criança. Agora é como se estivéssemos olhando um espelho / e víssemos apenas contornos enigmáticos, / depois olharemos face a face. / Agora conheço imperfeitamente, / depois conhecerei completamente, / assim como agora fui completamente conhecido.

Por enquanto permanecem fé, esperança, amor, estes três; / mas o maior deles é o amor (1Cor 13,1-13).

Considerações básicas

Nesse texto, Paulo não escreve nem sobre o amor a Deus, nem sobre o amor ao ser humano, nem sobre o amor entre homem e mulher, mas sobre o amor como poder, como capacidade, como força que transforma a vida, propiciando-lhe um sabor de amplidão, liberdade e ternura. No capítulo 12, Paulo tinha descrito os diversos dons da graça do Espírito Santo. Deus concedeu carismas à comunidade em Corinto, através do Espírito Santo: o carisma da sabedoria, da capacidade de crer, da cura de enfermos, da fala profética, do discernimento de espíritos, da glossolalia. No capítulo 13, Paulo quer conclamar os coríntios a não apostar nos dons espetaculares do Espírito, mas a buscar os dons espirituais mais elevados. O dom espiritual mais elevado que o Espírito concede é o amor. Desse modo, Paulo mostra uma maneira de levar uma vida cristã bem-sucedida. E ele descreve quais as possibilidades que Deus nos infundiu no coração através do amor. É o próprio Deus que nos possibilita o amor. No entanto, nossa tarefa é buscar esse amor que nos é presenteado como dom, realizando-o em nossa vida concreta.

Nesse capítulo primorosamente estruturado, Paulo não escreve sobre o agir de quem ama, não escrevendo, portanto, nem sobre o amor fraternal, nem sobre o amor a Deus. Nessa passagem, o amor é, antes, como que personificado. Ele não só é um dom de Deus, mas também tem parte no próprio Deus, e, estando nele, recebemos participação em Deus. O exegeta Hans-Josef Klauck escreve o seguinte a esse respeito: o amor "é simultânea e essencialmente – assim podemos dizer por antecipação – uma qualidade de Deus, uma parte de sua autointerpretação, e como tal ele irradia o ser humano e permite que este encontre sua existência no espaço do amor" (Klauck, 94).[1]

O Evangelho de João tem uma visão bem semelhante. Nele, o amor é um espaço que habitamos, no qual permanecemos: "Permanecei no meu amor!" (Jo 15,9). Se permanecermos no amor, nossa vida se transforma. Temos parte com Deus, somos divinizados. No amor, estamos ligados ao amor de Cristo, que flui para dentro de nós, como que procedendo da videira, e nos liga a ele (cf. Jo 15,1-8).

Paulo, no entanto, escreve sobre o poder do amor tendo como pano de fundo também a filosofia grega. Tanto Platão quanto Aristóteles escreveram sobre o mistério do amor. Para Platão, o amor é uma força divina que impregna todo o ser do mundo, impedindo que o mundo se desintegre e fazendo com que o separado sempre volte a se interligar.

Esse ensinamento de Platão foi retomado em nosso tempo sobretudo por Gabriel Marcel. Para o filósofo francês, o amor é idêntico ao ser. O amor é a razão originária de tudo e também da existência humana. Ele está presente em tudo. Isso não só significa "que cada um recebe tudo do amor, mas também que cada um detém tudo o que é e possui única e exclusivamente amando, ao passo

---

[1] K LAUCK, Hans-Josef. *1. Korintherbrief.* Würzburg, 1984, p. 94.

que sem amor tudo lhe escapa, e ele acaba parado diante do nada" (Lotz, 24).[2] Em Gabriel Marcel, o amor é a razão de nossa existência humana. Sem amor não encontramos nosso eu verdadeiro. Só no amor obtemos aquilo com que Deus nos presenteou. Seja o amor no matrimônio ou na amizade, seja o amor de Deus por nós ou nosso amor a Deus, em todas essas formas experimentamos algo do amor como ser que a tudo plenifica e tudo torna íntegro.

Gabriel Marcel conhece a diferenciação entre ser e ter, que mais tarde foi retomada por Erich Fromm, em seu livro *A arte de amar*. Quem torna realidade o modo de existência do ser tem parte no amor. Porque ser e amor juntos são uma coisa só. Não posso simplesmente ter o amor como posse. Trata-se, antes, de ser o amor e, através do amor, experimentar um novo ser. Quem se abre para o outro em amor tem parte no ser absoluto enquanto amor. Ele se percebe "na presença da luz, na plenitude do ser" (Scherer, 130).[3] As pessoas que amam umas às outras tocam o eterno nessa sua reciprocidade. Ademais, o amor é a força que supera a morte, que é mais forte do que a morte. Gabriel Marcel pensa que amor significa dizer ao amado: "Tu, tu não morrerás". Nem mesmo na morte seremos excluídos do amor. Pelo contrário, na morte experimentaremos o amor em sua forma pura, em seu ser puro.

Desde Platão, a filosofia reiteradamente se ocupou com o fenômeno do amor. Toda a filosofia e toda a teologia da Idade Média foram marcadas pela controvérsia sobre se o amor deve ser entendido como força elementar natural, que, a despeito de todo o amor ao próximo e a Deus, sempre procura a própria felicidade, ou como

---

[2] LOTZ, Johannes B. *Die Liebe als Herausforderung des Menschen.* In: Was heiβt Liebe? Zur Tradition eines Begriffes, hrsg. von der Rabanus Maurus-Akodemie, Frankfurt am Main, 1982.

amor completamente abnegado, que exclui todo desejo egoísta. Discutia-se igualmente se a primazia deve ser dada ao conhecimento ou ao amor, se o propósito último do ser humano é conhecer Deus ou se tornar um com Deus no amor.

Essa discussão nos parece estranha. No entanto, ela aborda um ponto essencial. Sempre que temos uma visão demasiado idealista do amor, como amor completamente abnegado, conseguimos até descrevê-lo em termos extraordinários, mas ele representará uma exigência muito grande para nós. E ele estará muito distante de nossa experiência humana com o amor. Faz-se necessária uma tensão saudável entre o amor ligado ao desejo, que também busca sua própria felicidade, e o amor abnegado, que esquece de si mesmo na experiência do amor e assim se torna um com o amado. Para que o amor não seja uma exigência demasiado alta para nós, mas possa satisfazer nosso anseio mais profundo e enriquecer verdadeiramente nossa existência humana, devemos – cada um para si – chegar a um bom termo de convivência entre *éros* e *agápe* e *filía*, entre amor natural e supranatural, entre amor que busca a felicidade e amor abnegado.

Gostaria de descrever o amor que Paulo exalta em seu canto maior como um poder próprio, como uma qualidade que transforma nossa vida. Para Paulo, o amor é um dom de Deus. Ele é, em última análise, o Espírito Santo que Deus nos presenteia. O Espírito Santo é amor. Assim sendo, Paulo diz na *Carta aos Romanos*: "O amor de Deus foi derramado em nossos corações pelo Espírito Santo que nos foi dado" (Rm 5,5). O amor é, portanto, algo divino, algo que provém de Deus e que, ao mesmo tempo, é Deus. No amor, já temos parte com Deus. Porém, esse amor divino ganha expressão

---

[3] SCHERER, Georg. *Die Liebe in Denken Gabriel Marcels*. In: Was heiβt Liebe? Zur Tradition eines Begriffes, hrsg. von der Rabanus Maurus-Akadenie, Frankfurt am Main, 1982.

em nosso amor humano, no amor entre homem e mulher, no amor ao próximo, no amor-próprio e no amor a Deus. Todas essas formas do amor nos dão participação no poder do amor que Paulo descreve, no amor que proporciona a nossa vida uma nova qualidade de vitalidade e felicidade e que cura nossas feridas.

Minha interpretação se deterá primeiramente na descrição do poder gratificante do amor que empresta à nossa vida uma nova qualidade, ou seja, o amor na amizade e na vida em parceria, o amor às pessoas com as quais trabalhamos e convivemos. Porém, gostaria de ter em vista sempre também a força curativa do amor, com a qual médicos e terapeutas, agentes de pastoral e assistentes sociais se dedicam às pessoas que sofrem de insuficiência amorosa e, em consequência, ficaram enfermas. Para mim, o texto também descreve uma terapia e um atendimento pastoral que, através do amor, são capazes de curar as feridas deixadas pelo pai e pela mãe nas pessoas. Todavia, o que vale para a terapia e para o acompanhamento espiritual vale também para nossas relações interpessoais bem normais. Sempre que amamos o outro, suas feridas podem ser saradas. Uma pessoa pode tornar-se um remédio para a outra, desde que se deixe guiar pelo amor.

Para mim, a mensagem do texto é propriamente a seguinte: "Mesmo que momentaneamente não se sinta amado, nem esteja odiando alguém com quem está unido em amor, confie no amor que está em si. Tenha em si uma noção do amor. Anseie por amor. Em seu anseio por amor já há amor. Se sofrer por amor é porque sabe o que é o amor. Portanto, confie no amor que está em si, não importando se no momento está apaixonado e é amado ou não por alguma pessoa. O dom do amor está em si. Deus mesmo infundiu o amor em seu coração. Confie nesse amor. Deixe que ele esteja em si. Sinta-o. Desfrute-o. Ele torna a sua vida mais rica. E ele lhe proporciona muitas possibilidades de viver bem. Tente viver essas possibilidades que o amor proporciona. Se o fizer, a sua vida realmente será bem-sucedida, e poderá experimentar os dons do amor com gratidão. Quando ouvir as palavras da *Primeira Carta aos Coríntios*, deixe que caiam dentro do seu coração. Sentirá, então, que elas tocam o seu anseio mais profundo por amor. Não diga que essas palavras são muito elevadas para si. Não pergunte logo se será capaz de cumpri-las. Aproveite o ensejo dessas palavras para entrar em contato com o amor que dormita no seu coração e que quer ser despertado por essas palavras para que ele impregne toda a sua existência".

"Mas não tivesse o amor..."

Ainda que eu falasse as línguas dos homens e dos anjos, / mas não tivesse o amor, / eu seria um bronze que ressoa ou um tambor sendo rufado.

Ainda que eu pudesse falar profeticamente / e soubesse todos os mistérios / e tivesse todo o conhecimento; / ainda que eu possuísse todo o poder da fé / e com ele pudesse deslocar montanhas, / mas não tivesse o amor, / eu nada seria.

E ainda que eu presenteasse todos os meus haveres / e entregasse o meu corpo às chamas, / mas não tivesse o amor, / de nada me adiantaria.

De início, Paulo mostra, nesses primeiros três versículos, a suprema importância do amor para nossa vida. Enfileirando várias orações condicionais, ele monta um verdadeiro arcabouço que empresta ênfase especial a suas declarações. Mesmo que o ser humano possuísse todos os dons e talentos desta terra, eles não teriam muita utilidade para ele, porque sem amor tudo é sem valor.

Paulo começa com as línguas de homens e de anjos, que em Corinto eram praticadas como glossolalia. Os coríntios orgulhavam-se do dom da oração em línguas, a qual não falavam em sua língua materna, mas se entregavam à ação do Espírito e pronunciavam, como que numa linguagem extática, palavras que eles próprios não entendiam. Para eles, isso era a língua de anjos que sobrepuja qualquer língua humana. Todavia, com esses fenômenos especiais da fala, posso eu próprio me tornar interessante. Nesse caso, o fundamento desse falar não é o amor, mas o próprio ego que se infla com isso. Isso não vale só para a glossolalia, mas para qualquer maneira de falar em que brinco com palavras e causo impressão. Palavras podem ser expressão de amor. Mas elas podem expressar também minha necessidade de obter reconhecimento. Somente um falar que vem do coração, que está repleto de amor, tem efeito curativo sobre as pessoas. Tudo o mais é apenas maneira de causar impressão, barulho sem sentido.

Paulo compara esse falar com um bronze que ressoa ou um tambor sendo rufado. O *kýmbalon*, como é denominado o "tambor" no texto grego original, é mais exatamente o prato manual que era utilizado no culto a Cibele. O barulho feito com esses instrumentos era característico dos cultos de mistérios. Para Paulo, todavia, tal culto é sem valor se nele faltar o amor.

Se traduzirmos essas palavras para nossa situação, elas significam o seguinte: por mais brilhantes que sejam nossos discursos, por mais que motivemos nossos colaboradores ou tentemos persuadir as pessoas com palavras, se faltar o amor, todos os êxitos retóricos perdem seu valor. Percebe-se logo se as palavras de alguém vêm do coração, se estão repletas de amor ou se ele compraz a si mesmo com suas palavras. Há pessoas que brincam com palavras. Mas percebe-se a vaidade com que falam. Para Paulo, o amor é o fundamento de nosso falar. Ele é a fonte da qual jorram as palavras. Se nossa fala não trouxer dentro de si o germe do amor, podemos até brilhar com ela, podemos persuadir outros, mas nossas palavras não trarão realmente bênção para os demais.

Transposto para o âmbito interpessoal, isso significaria o seguinte: observe se o que diz para sua esposa, para seu esposo, para seu amigo está impregnado de amor ou se suas palavras apenas brotam de sua irritação ou de sua distração, ou então do vazio. Diariamente falamos e dizemos uma infinidade de palavras. Muitas vezes, porém, essas palavras permanecem superficiais. Simplesmente dizemos algo para que o silêncio não nos oprima. Ou dirigimos a palavra à outra pessoa porque queremos algo dela ou porque gostaríamos de informá-la de algo. Há muitos modos de dizer algo. Certo é que todas as formas, seja a fala informativa, a motivadora, a comunicativa ou a narrativa, estejam impregnadas de amor. Talvez "amor" seja, por vezes, uma palavra muito elevada. Mas que nossas palavras ao menos fluam de nosso coração, e não sejam formuladas só a partir de nossa cabeça. Se elas vierem de nosso íntimo, serão cálidas e poderão aquecer também o coração do outro.

Essas palavras podem ser aplicadas à atuação do médico ou do agente de pastoral. Sem amor, todo trabalho terapêutico ou pastoral é vão. Assim sendo, essa primeira frase poderia ser traduzida da seguinte maneira: "Se eu pudesse explicar ao cliente com precisão sua enfermidade e mostrar-lhe um modo de ficar curado, mas não tivesse amor, eu seria um bronze que ressoa ou um tambor sendo rufado". O tambor rufado e o gongo brônzeo lembram os bastidores ruidosos dos cultos pagãos. Transposto para a terapia, poder-se-ia dizer que: sem a cultura do amor, a terapia se transformaria em culto vazio, que apenas produz barulho, mas não é capaz de curar. Com nossas teorias psicológicas, impressionaríamos o cliente, mas não tocaríamos seu coração.

Na segunda frase, Paulo faz referência a quatro dons, todos muito apreciados em Corinto: o discurso profético, a ciência dos mistérios, o conhecimento e a capacidade de ter essa fé que remove montanhas. O próprio Paulo emite um juízo perfeitamente positivo desses quatro talentos. Porém, se o amor não for a razão deles, aquele que pratica esses dons acaba por ser uma nulidade. O dom profético é, para os coríntios, a capacidade de prever o futuro ou de proclamar a vontade de Deus às pessoas e à sociedade. O profético é um componente essencial do cristão. Uma pessoa profética é aquela que, a partir de Deus, julga criticamente a situação política e social e, a partir de Deus, pronuncia palavras que podem abrir um caminho para o futuro. Porém, falar profeticamente significa também dizer ao outro coisas secretas que se percebeu sobre ele. Isso sempre causa impressão. Nisso, porém, sempre reside o perigo de exercer poder sobre o outro e de manipulá-lo. Quando lhe confidenciamos coisas secretas que ninguém mais sabe, ele fica com medo de que possamos revelar tudo o que há nele. Diante disso, ele facilmente se submete.

A ciência dos mistérios se refere aos cultos de mistérios, que naquele tempo eram modernos não só em Corinto, mas em todo o Império Romano. Diz respeito ao ato de iniciação nos mistérios específicos de um Deus e, em virtude disso, sentir-se superior às demais pessoas. É uma tendência que conhecemos hoje da mesma forma. É o perigo de usar a espiritualidade e as experiências espirituais para colocar-se acima dos demais e olhar para eles de cima para baixo. Naquela época, os cultos de mistérios tinham um grande poder de sedução, porque davam às pessoas que sofriam de baixa autoestima ou que, como escravos, não tinham nenhum reconhecimento social a possibilidade de experimentar uma valorização especial. Residia aí uma chance, mas também um perigo, eis que, quando nos elevamos espiritualmente acima dos demais, precisamos desvalorizar os outros para nos valorizar. Deparamo-nos com essa tendência de desvalorização também hoje naqueles círculos que acreditam estar fazendo experiências místicas especiais que os destacam de todos os demais. Eles estão cheios de curiosidade para fazer experiências espirituais e para serem iniciados nos mistérios de algum culto em particular. Porém, se o anseio pela experiência espiritual não for dirigido pelo amor, ele é vão. Nesse caso, ele apenas infla o ego, tornando-se um substituto para a baixa autoestima. Há quem tome o caminho espiritual por se sentir profundamente sem valor. A experiência com Deus pode fazer com sejamos profundamente valorizados. Porém, quando usamos nossas experiências espirituais para nos tornar interessantes, isso apenas constitui um sinal de que a sensação de nossa própria falta de valor continua oculta dentro de nós. Essa sensação é meramente encoberta, mas não transformada. De acordo com Paulo, a experiência espiritual só tem valor quando nos leva para dentro de Deus, para dentro do ser, para dentro do mistério do amor, que é a razão de todo ser.

O terceiro dom é o do conhecimento. A palavra "*gnósis*", que consta no texto grego original, não significa só conhecimento, mas também iluminação. Havia, naquela época, um movimento muito difundido da gnose, tanto no âmbito cristão quanto no extracristão. Era o anseio por saber mais que os demais, por ser iniciado nos mistérios divinos e experimentar iluminação.

Entre os coríntios havia muitos que estavam fascinados pela gnose e passaram a praticar uma gnose cristã. No segundo capítulo da Primeira Carta aos Coríntios, Paulo chamou os cristãos de verdadeiros gnósticos. Deus mesmo se proclamou em Jesus Cristo como a sabedoria verdadeira e perfeita e nos presenteou a ciência a respeito do que é propriamente importante para nossa vida. Porém, sem amor também a gnose é destituída de valor. Ela apenas infla. Vangloriamo-nos de nosso conhecimento para sermos admirados. O verdadeiro conhecimento, todavia, sempre torna humilde.

A fé é algo decisivo para Paulo. É pela fé que somos justificados, não por obras. Paulo desenvolveu essa ideia na Carta aos Romanos. Aqui se trata de um tipo de fé diferente da fé no amor de Jesus na cruz, que nos presenteia a certeza de que somos incondicionalmente aceitos. Trata-se da fé milagrosa que pensa poder tudo o que crê.

Conhecemos essa tendência também hoje. Sobretudo na América do Norte, há livros sugerindo que apenas precisamos ter fé suficiente para que consigamos tudo o que queremos. Certa mulher me presenteou um livro que se situa nessa tradição: "Reza e fica rico". Joguei o livro fora, porque para mim ele induz ao erro. Nele, a fé é usada para satisfazer nossas necessidades infantis ou para extravasar nossa sede de poder. Certo homem me contou que ele só precisava deixar que as metas traçadas por ele para sua firma penetrassem em seu inconsciente para que conseguisse atingi-las. Entretanto, esse tipo de fé induz ao erro. Esse homem fracassou diante da expectativa exagerada com que onerou sua fé. Ele não quis renunciar a sua fé e, devido a sua obstinação e renitência, acabou por entrar em falência. A fé pode às vezes até realizar milagres, mas quando falta amor, ela de nada adianta.

Não se trata de pôr a força de nossa fé à prova em acontecimentos ou vivências extraordinários; antes, a questão gira única e exclusivamente em torno do amor. O amor concede a nossa vida o sabor de Jesus Cristo. No amor, nós nos assemelhamos à imagem de Jesus Cristo. Em todo o seu texto sobre o amor, Paulo não fala do amor de Jesus nem de nossa redenção por Jesus Cristo. Mas Cristo está sempre no pano de fundo como o protótipo do amor. A *agápe* é, em última análise, o amor divino que brilhou sobre nós em Jesus Cristo.

No terceiro versículo, são descritas mais duas atitudes que não têm valor sem o amor. Trata-se, primeiramente, do ato de presentear todos os bens e, em segundo, de entregar o próprio corpo às chamas. Trata-se de duas atitudes que frequentemente costumamos associar ao amor. A primeira atitude tem em mente o ato de alimentar os outros com todos os haveres disponíveis. Literalmente está escrito: dividir em pedaços todos os seus haveres e alimentar com eles os necessitados. Alimentar os pobres pode perfeitamente ser um dom do Espírito Santo. Paulo, porém, conta com a possibilidade de que isso possa acontecer sem amor, o que tornaria a obra sem valor. Projetos de apoio a pobres e necessitados nos países de Terceiro Mundo podem ser expressão de amor. Mas eles também podem acontecer sem amor. Outros motivos podem ser determinantes, como, por exemplo, buscar projeção, acalmar a consciência pesada, tornar-se interessante ao público. Nesses casos, eles serão apenas fogo de palha que queima rápido, mas não consegue transmitir calor por muito tempo.

No caso de entregar-se às chamas, não está bem esclarecido o que Paulo tinha em mente, se estava pensando no martírio na fogueira, no autossacrifício em favor de outros ou na marcação do escravo com ferro em brasa. A filosofia greco-romana também conhece a postura heroica frente à morte na fogueira. E os filósofos gregos conhecem a autoincineração voluntária como costume e modelo indianos. Hoje Paulo talvez fosse falar dos atentados suicidas. Eles não acontecem por amor, mas por ódio. Por isso, não têm valor e levam ao desprezo a si mesmo e à dignidade humana. Paulo certamente ainda não tem o martírio cristão em mente, pois a incineração dos cristãos pelo imperador Nero ainda era algo distante, por ocasião da redação de sua carta. É de supormos que ele esteja pensando em algum ato espetacular único, ao qual apela para escapar à vivência penosa do amor no cotidiano. Também esses atos feitos para chamar a atenção, que nós normalmente entendemos como expressão de amor, são sem valor, porque não acontecem realmente por amor, mas a partir da necessidade de querer ser algo especial.

"O amor é longânimo"

O amor é longânimo, / o amor é benigno.

Depois dos três primeiros versículos, Paulo começa a descrever o poder do amor. Ao fazer isso, ele não moraliza. Ele não escreve: "Quando amarem, devem ser longânimos ou benignos". Ao contrário, ele simplesmente descreve o que é o amor. Ele é, por si mesmo, longânimo e benigno. Ele possui essas qualidades a partir de sua essência. Ao descrever as qualidades, Paulo traz a nossa memória as possibilidades e capacidades que estão a nossa disposição dentro de nós. Porque é dentro de nós que o amor está. O que temos de fazer é deixá-lo atuar. Temos aqui uma poesia fascinante sobre o efeito do amor que nos é dado no Espírito Santo, que está dentro de cada um de nós, que nós muitas vezes temos encoberto com outras motivações ou outras qualidades de nossa alma. Ao ler essas palavras e meditar sobre elas, devemos entrar em contato com o amor que está em nós. O fato de essas frases do apóstolo ocuparem nossa atenção mostra que o amor já está dentro de nós. Porque, se não fosse assim, nem entenderíamos suas palavras. É por isso que também devemos confiar nesse amor. Ele é capaz de transformar nossa vida. Ele traz frutos visíveis e torna-se, assim, uma bênção para este mundo. O amor jamais transforma apenas meu próprio coração, mas sempre também a convivência entre as pessoas. Ele é como um fermento que vai penetrando na sociedade, como uma luz que ilumina a escuridão deste mundo.

A palavra "longânimo" traduz a palavra original grega "*makrothymei*". Ela pode significar ser paciente. Originalmente ela se referia à mentalidade aberta e generosa, ao grande coração. Para São Benedito, ter um grande coração é o critério para ser uma pessoa espiritual. Deus só consegue morar num coração amplo. Só quem tem um grande coração é capaz de amar pessoas que não lhe são simpáticas à primeira vista. O coração aberto rompe a estreiteza e o retraimento em que se refugia a criança mal amada para não ser novamente ferida. Todavia, o coração aberto também é capaz de esperar. Ele espera que a estreiteza se transforme em amplidão e o retraimento em abertura.

Quem desenvolve um grande coração através do amor não se exalta o tempo todo com os demais. Um coração estreito e mesquinho gasta energia demais se irritando com os outros. O coração amplo tem espaço para as pessoas com suas peculiaridades. Ele é sereno. Ele tem fôlego comprido. Tendo um grande coração, a pessoa irradia uma energia agradável, ao passo que o coração estreito nada produz além de estreiteza a seu redor. É possível viver bem nas cercanias de um coração amplo. O coração estreito espanta as pessoas. Elas têm medo de que essa mentalidade estreita as contagie. A palavra alemã *eng* (angusto) aponta para a *Angst* (angústia), que provoca essa angustura, essa estreiteza. A amplidão do coração reflete confiança nas pessoas. Aqui não se vê nenhuma exigência, mas é a qualidade do amor que transforma a pessoa e lhe proporciona uma sensação boa de vida.

No entanto, repetidamente fazemos a experiência de que o coração estreito se manifesta dentro de nós. Temos pensamentos mesquinhos sobre os outros. Constantemente nos irritamos com o modo como se vestem, como falam, como gesticulam. Por ocasião de uma palestra, certa mulher me perguntou o que fazer quando o coração estreito se manifesta. Não devemos lutar contra a estreiteza, senão ela se contrairá ainda mais.

Trata-se, antes, de encarar os pensamentos do coração estreito e entrar em diálogo com eles. Por que temos pensamentos tão estreitos? O que nos angustia? Do que precisamos nos proteger? O que gostaríamos de excluir de nosso coração por ser demasiado perigoso para nós? Quando reconhecemos humildemente nossa estreiteza, conseguimos descobrir, ao lado dela, também a amplidão que há em nós. O coração amplo também admite a estreiteza em nós. Em um grande coração até a estreiteza encontra espaço. Mas ela não tem mais poder. Se acolhermos amistosamente nosso coração estreito, este terá condições de se alargar. Então passamos a sentir de repente, na amplidão, o amor que flui em nós.

Se relacionarmos o coração amplo com o tratamento terapêutico oferecido por médicos, professores, terapeutas e pastores, fica claro que só um coração amplo é capaz de curar. O coração amplo do agente de pastoral ou da terapeuta alarga também o coração do cliente que gira estreito e angustiado em torno de si mesmo, que se fechou por medo de ser novamente ferido ou por medo do caos interior que pode irromper tão logo ele se abra. O cliente pode, então, falar abertamente sobre si mesmo. Em contrapartida, o coração estreito fecharia de vez o coração do outro.

O coração amplo se aplica também à relação do pai e da mãe com suas crianças. Pais e mães com um grande coração conseguem esperar até que suas crianças encontrem sua identidade, até que tenham deixado para trás suas doenças infantis e se tornem adultas. Eles não se assustam ou entram em pânico quando a criança causa problemas, quando ela não acompanha o ritmo da escola ou começa a chamar a atenção por seu comportamento social. O coração amplo não ignora os problemas. Ele acolhe a criança com suas dificuldades e angústias, para que consiga se curar ali. O coração estreito fica ainda mais estreito e angustiado com os problemas da criança. Ele não deixa a criança entrar nele, mas quer tratá-la como "caso". Desse modo, porém, não se constitui nenhuma relação. E excluída do coração, a criança não consegue mais se curar.

No acompanhamento terapêutico, repetidamente me aparecem pessoas que contam como sua mãe era medrosa e mesquinha. Tudo tinha de estar de acordo com princípios rígidos. Opiniões divergentes eram demonizadas. Vizinhos que viam algumas coisas de outro modo ou que tinham outro estilo de vida eram desqualificados. Essas pessoas, mesmo depois de adultas, ainda sofrem com a estreiteza de seus pais. E muitas vezes precisam de muito tempo para desfazerem-se da estreiteza que assumiram de seus pais e alargarem seus corações. Para São Benedito, o caminho espiritual leva a uma amplidão cada vez maior do coração. E o coração amplo não precisa mais observar escrupulosamente os mandamentos. Na alegria do Espírito Santo, ele segue o caminho que leva à vida.

O amor é benigno. Ele quer o bem do outro. A palavra grega "*chrestéuetai*", que significa "benigno" no texto grego, não se refere tanto à mentalidade bondosa, mas antes à dedicação bondosa ao outro. O amor traz em si a tendência de voltar sua atenção para o outro. Ele se mostra para as pessoas como bom e benigno. E, em consequência, desperta no outro a bondade. Ele o trata bem, tocando-o com mãos amorosas. O amor confia que tocará o outro em seu íntimo, suscitará nele a bondade e fará com que ele entre em contato com o cerne bom que existe em cada pessoa, abaixo de todos os mecanismos de rejeição.

Em consequência, esse amor é sempre otimista. O amor não desiste de ninguém. Ele acredita que mesmo naquele que fere os outros, que está tomado por maldade e dureza, há o anseio por amor, o anseio por ser bom. Atendo-se a essa fé e a essa esperança, o amor é capaz de evocar a bondade no outro. Muitas vezes é preciso longo tempo para que alguém que se fechou entre em contato com seu cerne bom. Porém, o anseio pelo bem está dentro de cada pessoa. O amor consegue despertar esse anseio.

O amor faz com que aquele que lhe concede espaço dentro de si irradie uma energia boa. Alguém que se deixa guiar pelo amor irradia algo bom e benigno, algo amigável e sincero. Mas não só: ele também transforma as pessoas a sua volta. Ele tem um efeito terapêutico sobre os demais. Consequentemente, esse amor se faz necessário exatamente na pastoral e na terapia. Sem essa bondade, o cliente não consegue entrar em contato com o que há de bom dentro dele, o que se endureceu dentro dele não consegue transformar-se em algo benigno. Não se trata aqui de incutir no terapeuta ou no agente de pastoral que devem tratar benignamente o cliente. Devemos, antes, lembrar-nos reiteradamente, durante o diálogo, do amor que há em nós e que é benigno, que possibilita que nos voltemos benignamente para o outro. O amor é a fonte da qual podemos haurir. Se nos deixarmos conduzir por ele, o bem procederá de nós. Não é uma realização nossa, mas uma experiência que podemos fazer com gratidão. As palavras do apóstolo querem fazer-nos entrar em contato com a fonte do amor que flui em nós.

"Não se vangloria"

Ele não se exalta, / não se vangloria, / não se envaidece.

No texto grego consta para "ele não se exalta" a expressão "*ou zeloi*". Ela pode significar muitas coisas: o amor não é invejoso, não é ciumento. "Ele está livre da absolutização de suas próprias concepções e preferências, e também do zelo egoísta por seus próprios interesses e metas" (Schrage, 296).[4] O amor repousa em si mesmo. Nem lhe ocorre ter inveja ou ciúme dos outros.

O ciúme com frequência está associado a nosso amor. Certa mulher, que ama seu esposo e sabe que ele a ama e é fiel a ela, escreveu-me sobre o ciúme que sente e que a incomoda. Quando seu esposo permanece um tempo a mais no escritório, imediatamente ela fica com medo de que ele possa estar tendo algo com a secretária. Que ele preferiria ficar com ela a voltar para casa. Quando o esposo então chega em casa, ela o cumula de recriminações. Ela sabe que, desse modo, não está favorecendo o amor

---

[4] SCHRAGE, Wolfgang. *Der erste Brief an die Korinther.* Zurich, 1999.

que sentem um pelo outro. Ao contrário, ela tem medo de estar destruindo esse amor com seu ciúme, mas não encontra nenhuma maneira de livrar-se desse ciúme.

Nesse caso, certamente não basta dizer: "O amor não é ciumento". A mulher deveria antes entrar em diálogo com o ciúme. Qual é o medo que está associado a seu ciúme? É o medo de perder seu esposo. Esse medo tem suas causas em experiências passadas de abandono e nas mensagens que recebeu como criança: "Você não é digna de ser amada. Nenhum homem suportará sua companhia. Jamais conseguirá um homem que a ame". O diálogo com o ciúme leva a feridas antigas. Porém, isso ainda não basta para superar o ciúme. Tenho de apresentar as feridas a Deus, para que seu amor se instale em minhas feridas e as cure.

Uma segunda pergunta ainda precisa ser feita: que anseio está embutido no ciúme? É o anseio por ser visto por outra pessoa como único e por ter seu amor só para mim. Esse anseio me remete a uma necessidade insaciável de amor. Quando admito essa minha necessidade, ela pode tornar-se relativa. Porque sei que meu esposo não será capaz de saciar meu anseio infinito com seu amor finito. Não recrimino mais meu esposo pelo caráter limitado de seu amor. Ao contrário, tento descobrir em meu ciúme o anseio por um amor que não seja frágil, ao qual posso confiar-me, o qual é absoluto.

Trata-se, no final das contas, do anseio pelo amor divino. No sentido de São Paulo, trata-se de descobrir o amor dentro de si como um dom divino que não pode ser destruído pela limitação de um ser humano. O caminho a ser seguido passaria, então, pelo ciúme para chegar até o fundo da alma, que é onde jorra essa fonte do amor. O ciúme sempre nos lembra de nos recolher a nosso íntimo e sentir em nós, no fundo de nosso coração, esse amor que se encontra dentro de nós como um poder indestrutível por ser divino.

Quando Paulo diz que o amor não é ciumento, não devemos propor suas palavras como exigência para casais: "Não deves ser ciumento". Porque o ciúme muitas vezes não é uma questão sujeita a nossa livre vontade. Conheço uma mulher que não queria de jeito nenhum ser ciumenta porque isso não combinava com sua visão do amor. No entanto, quando seu esposo convidou, com sua anuência, uma amiga dos tempos da juventude, ela não conseguiu aguentar-se de tanto ciúme. Ela recriminou a si própria por causa de seu ciúme, mas nada pôde fazer contra ele. O ciúme simplesmente tomou conta dela. Nesse caso, não adianta o esposo recriminá-la, dizendo que ela havia concordado com a visita da amiga. Tampouco serve para algo ela própria recriminar-se por sentir ciúme. Ela deve admitir com toda a humildade que é impotente contra esse sentimento poderoso. E ela pode deixar que seu ciúme a leve para dentro de si mesma e pode confiar que, no fundo de sua alma, encontra-se o amor como um poder que quer atuar nela. Quando ela entrar em contato com o amor em seu coração, o ciúme perderá seu poder. O ciúme se situa no âmbito emocional. O amor mora abaixo do âmbito emocional, no fundo da alma. Ao lugar onde mora o amor em nós o ciúme não tem acesso.

O vangloriar-se corresponde a "*perperéuetai*" no texto grego. Essa palavra refere-se ao tagarela, ao fanfarrão, ao gabarola. Quem está imbuído do amor, quem o experimenta em si como fonte interior, não tem necessidade de elevar-se acima dos demais, de considerar-se melhor do que os outros. Ele não precisa contar vantagem nem se apresentar aos outros melhor do que de fato é. A vanglória sempre remete a uma pessoa que não está em contato consigo mesma. Ela só se percebe quando se apresenta sob uma luz favorável. Mas ela não tem um sensor que a liga a si mesma e a seu eu verdadeiro. O amor nos faz entrar em contato com o eu interior. Desse modo, ele nos propicia serenidade e tranquilidade interior. Ficamos em harmonia conosco mesmos.

Vanglória muitas vezes é expressão de baixa autoestima. Por nos considerarmos sem valor do jeito que somos, precisamos colocar-nos no centro diante dos outros. Ou então precisamos contar vantagem constantemente para que as pessoas nos deem a devida atenção. Isso, porém, é um círculo vicioso. As pessoas se retrairão em relação a nós porque estamos sempre contando vantagem, porque isso causa uma impressão negativa nos demais. O evangelista Lucas narra a história de Zaqueu, chefe dos publicanos, que tinha estatura pequena. Evidentemente ele tinha complexos de inferioridade. Por isso, como chefe dos publicanos, tinha de rebaixar os demais. E tinha de recolher a maior quantidade possível de dinheiro para impressionar os outros. No entanto, entrou no círculo vicioso de ser cada vez mais excluído e desprezado pelos demais. Jesus se encontra com ele e o ama sem lhe fazer exigências. A experiência de ser amado incondicionalmente cura Zaqueu. Ele passa a não sentir mais necessidade de contar vantagem com seu dinheiro. Ele pode, então, dar a metade de suas posses aos pobres. O amor o transforma. A experiência do amor liberta-o da compulsão de vangloriar-se diante dos outros com sua posição e seu dinheiro. Quem experimenta o amor fica livre da vanglória. E quem sente o amor em si mesmo como a força que se encontra no fundo de seu coração, não mais se vangloriará. Não é preciso ordenar que não faça isso. Vangloriar-se é algo estranho a sua essência. Em consequência, ele não precisa mais disso a partir de seu íntimo.

Há homens que se vangloriam diante da mulher amada. Mas isso não funciona por muito tempo, porque quanto mais perto chegamos um do outro, melhor ficamos conhecendo a verdadeira essência do outro. E então chega o momento de encarar a verdade, o que muitas vezes é doloroso. Nessa hora, desaparece toda vanglória. Mas também conheço homens que se vangloriam de sua bela esposa. Eles conquistaram uma bela mulher e agora ficam gabando-se em seu círculo de conhecidos. Mas também essa relação não durará muito tempo, porque em algum momento a mulher se recusará a fazer o papel de objeto de amostra. Ela se mostrará como pessoa, como um tu, como interlocutora, e desafiará o esposo. Se o esposo, então, não estiver pronto para encarar a relação, ela se romperá. Quem se vangloria não está em relação nem consigo mesmo nem com o outro. E sem relação o amor não funcionará.

O amor "não se incha nem se infla". Há muitas formas de inchar-se. Podemos olhar para os outros com desprezo, de cima para baixo. Podemos apontar constantemente para nossas próprias qualidades e nos colocarmos no centro. C. G. Jung fala de inflação: a pequena autoimagem é inflada. Assim ela corre constantemente o risco de estourar. A inflação não se mostra só no comportamento arrogante em relação aos demais. Há formas mais perigosas de inflação. Para C. G. Jung, isso é a identificação com a figura arquetípica do profeta, do curador, do ajudador, da vítima. Quando nos identificamos com essa figura arquetípica, ficamos cegos para nossas próprias necessidades, cuja vivência extravasamos inconscientemente com o auxílio dessa figura. Quando nos identificamos, por exemplo, com a figura do profeta – sou o único que tem coragem de dizer a verdade –, não nos damos conta de que estamos dando vazão a nossa sede de poder sobre os outros. Ou, quando nos sentimos como mártires, damos vazão a nossa consciência missionária e a nosso lado agressivo. O fato de sermos mártires nos torna interessante para muitos círculos, porque há outros que são demasiado dogmáticos. Inconscientemente acusamos todos os demais com toda a nossa existência por serem todos tão mesquinhos. E nem nos damos conta de estar condenando os outros com todo o nosso ser e de quanta agressividade há em nosso papel de mártir.

Em famílias e grupos sempre há pessoas que assumem o papel de vítima. No entanto, uma vítima irradia algo de agressivo. Trata-se de uma agressividade passiva. No modo de apresentar-se para os outros, a vítima é piedosa e amistosa. Porém, é difícil viver ao lado de uma vítima. Sempre que se proporciona algo bom, fica com a consciência pesada.

A vítima facilmente se transforma em agente. A vítima domina as pessoas a seu redor. Não deixa que respirem livremente. Todas devem erguer os olhos cheios de gratidão para quem se sacrifica por elas. No entanto, isso não funciona por muito tempo. Chega a hora em que as pessoas se rebelam contra a vítima. Então se instauram muitas vezes conflitos insolúveis, porque a vítima tem dificuldade de encarar sua agressividade inconsciente.

Os terapeutas e agentes de pastoral correm sério risco de identificar-se com o arquétipo do ajudador. Por exemplo, quando uma mulher me diz durante o diálogo que ninguém a ama, que ninguém a toma nos braços, noto como o arquétipo do ajudador ou curador se manifesta em mim. Eu poderia ajudá-la, demonstrando-lhe proximidade. Nesse caso, não noto como, sob esse arquétipo, dou vazão à minha própria necessidade de proximidade. O fato de terapeutas e agentes de pastoral ultrapassarem os limites geralmente tem a ver com a identificação com o arquétipo do curador. Ele gostaria de mostrar amor pelo pobre homem, pela mulher carente de amor e, desse modo, curá-los. O que ele não percebe é que está satisfazendo sua própria necessidade de amor com o auxílio do outro.

Não se trata de afastar de si as figuras arquetípicas. Podemos assumir o papel do ajudador e do curador. Porém, não somos o papel. Além disso, também somos humanos. O papel arquetípico do curador e do ajudador pode pôr-nos em contato com capacidades que se encontram dentro de nós. Mas, quando nos identificamos com ele, passamos dos limites e ignoramos nossa condição humana. Quem está imbuído do amor pode tornar-se ajudador ou curador do outro. Porém, ao mesmo tempo, tem consciência de ser apenas um ser humano, com suas falhas e fraquezas, com limites e necessidades.

Em sua condição humana, ele se torna permeável para o amor, que pode ter um efeito curativo sobre o outro por não estar mesclado com sua própria carência. Confiamos que em nós se encontra um amor maior do que nós. Tentamos ser permeáveis para esse amor. Não nos gabamos desse amor. Ele não infla o nosso ego. Somos gratos por esse amor que flui dentro de nós, apesar do nosso ego. Sendo permeáveis, nosso amor tem um efeito curativo sobre nós mesmos e sobre aquele que busca nosso conselho. Se estamos sempre apenas nos esforçando para mostrar empatia ou para amar o cliente, estaremos exigindo demais de nós. E nosso amor dará a impressão de estar sendo forçado. Ele acabará, ao contrário, provocando no outro sentimentos de culpa. Em contrapartida, o amor que flui através de nós é curativo, libertador e gratificante. Ambos experimentamos uma qualidade de vida que nos transforma, conferindo-nos um sabor novo e agradável. O amor sempre faz bem a ambos: a quem ama e a quem é amado.

Há ainda uma outra maneira de inflar-se. Conheço pessoas que elevam seu amor de tal maneira ao céu que se tem a impressão de que querem usar isso para escapar à medianidade de seu amor. Dizem a toda pessoa que lhes dá ouvidos que seu amor é algo fora do comum, algo profundamente espiritual, uma maravilhosa afinidade espiritual. Porém, quando exaltam demais seu amor, ele perde o contato com o chão. Ele, então, escorre por entre seus dedos. Ou eleva o parceiro ou a parceira ao céu. Certo homem jovem me contou ter achado uma namorada. Ela seria para ele uma redentora. Quando ele disse isso, ficou claro para mim que essa relação não poderia dar certo, porque nenhuma mulher pode ser a redentora do homem e nenhum homem o salvador da mulher. A mulher pode fazer bem ao homem. Seu amor é capaz de curar muitas feridas dentro dele. Porém, quando identificamos a namorada ou o namorado com figuras arquetípicas como as da redentora, do salvador, do resgatador, do médico, do ajudador, ficamos cegos para sua realidade. Nesse caso, não amamos a pessoa concreta, mas uma figura idealizada. E não há como dar certo esse amor por uma figura idealizada.

Outra possibilidade de inflação: certa mãe tinha duas crianças. Além de suas próprias crianças, ainda acolheu em sua família um menino como filho adotivo. Ela sabia que seria difícil. Ela havia reconhecido isso por ocasião de sua visita ao orfanato. Mas acreditava que poderia curar essa criança com seu amor. Foi uma grande pretensão. Com muito empenho pessoal ela tentou amar o menino incondicionalmente, apesar das dificuldades que ele tinha. No entanto, após dois anos, teve de constatar que essa criança havia abusado sexualmente de seu próprio filho de dez anos. Ela teve de devolvê-lo ao orfanato. Ela havia identificado seu amor demasiadamente com figuras arquetípicas, de modo que não tinha como dar certo.

Muitas mulheres já perceberam antes do casamento que o namorado tinha problemas com o álcool. Porém, no primeiro assomo intenso do amor, elas pensaram que poderiam curá-lo com seu amor. Depois, todavia, tiveram de reconhecer dolorosamente que não eram capazes de curar a doença com seu amor, mas que haviam se iludido durante todo o tempo que passaram juntos. O amor não se infla com figuras grandiosas. Ele se dirige ao ser humano concreto.

"Ele não guarda rancor"

Ele não é inconveniente, / não procura tirar vantagem própria, / não se deixa levar à ira, / não guarda rancor.

"Ele não é inconveniente" corresponde ao texto grego "*ouk aschemonei*". Essa expressão lembra a filosofia estoica; refere-se a palavras e ações resultantes de uma atitude indecente e inadequada que ferem a dignidade do ser humano. Quem está imbuído do amor possui uma fina sensibilidade para uma atitude polida, para boas maneiras, para a decência e para o valor do interlocutor. A palavra alemã *Anstand* (compostura, decência) significa manter a postura e deixar o outro ser como ele é, em vez de penetrar em seu íntimo ou chegar muito perto dele. Há pessoas que não têm senso para o limite do outro. Elas não têm compostura. Elas não mantêm sua postura. Não conseguem esperar até que o outro se mostre e se revele.

Paulo não tem necessidade de exortar a uma atitude polida. Ele está, antes, convicto de que o amor encontra por si mesmo o tom correto do relacionamento e o modo adequado de ir ao encontro do outro e de tratá-lo. Quem está imbuído do amor, não tem necessidade de chamar a atenção para si mesmo mediante um comportamento exagerado que rompe com todas as normas. Ele percebe o que faz bem ao outro, respeita sua dignidade. O amor por si mesmo faz o que é certo. A esse amor se aplica o que disse Agostinho: "*Ama et fac quod vis*" (Ama e faz o que queres). Quando nosso agir flui do amor, ele é sempre correto, adequado e decente.

A expressão "*ou zetei tà heautés*" – traduzida em português por "não procura tirar vantagem própria" – induz muito exegeta a falar da abnegação absoluta do amor. Na história da teologia, houve debates acalorados sobre se o amor pode ser entendido como *amor benevolentiae* ou como *amor concupiscentiae*, se quem ama tem em vista unicamente o outro ou se almeja também a própria felicidade. Karl Rahner demonstrou que se trata de uma alternativa equivocadamente formulada. Todo amor sempre tem como referência o outro, mas ao mesmo tempo vivencia o outro como ventura para si mesmo. E aquele que ama vivencia a si próprio no amor pelo outro de um modo novo e gratificante (cf. Rahner 237). A partir da psicologia sabemos que, para nós, como humanos, a abnegação absoluta é praticamente impossível. Em tudo o que fazemos, nosso próprio ego e nossas próprias necessidades sempre fazem parte do jogo. No entanto, trata-se aqui de percebermos nossas intenções e distanciar-nos delas ou, então, de sermos permeáveis para o amor no que se refere a nossas necessidades egocêntricas.

Toda pessoa também quer alcançar algo com seu amor, quer fazer boa figura. Ou ao menos quer sentir-se bem ao dizer para si mesma: "Agora fui abnegada". Seria fatal erradicar totalmente esses pensamentos de si mesma. Eles acabarão por se imiscuir sutilmente em seu amor abnegado. Mais realista é, em contraposição, conscientizar-se de suas necessidades e dizer para si mesmo: "Sim, eu também quero algo para mim. Mas agora, neste exato instante, procuro ser permeável para o amor que há em mim, do qual não posso me gabar, que me foi, antes, presenteado por Deus como dom e tarefa". Neste caso, com humildade tomará ciência de sua própria carência e, não obstante, será capaz de abstrair de si e de suas necessidades para, neste momento, dar total atenção ao outro ou a Deus.

Se o amor de fato flui em nós, esqueceremos naquele momento de nós mesmos e de nossa necessidade de nos sentirmos melhores. Então simplesmente estaremos amando. É o que Paulo quer dizer: no momento em que alguém está provando o amor, não busca seu interesse. Contudo, se transformamos isso em uma exigência, podemos até estar fazendo jus ao amor, mas, ainda assim, estamos correndo o risco de que nossas necessidades reprimidas se insinuem em nossa ação. Assim que começamos a pensar muito sobre nosso amor e nossos atos de amor, o ego já está novamente em ação. Não podemos intencionar esquecer a nós mesmos. Fazendo isso, apenas cometeríamos uma violência contra nós mesmos. No entanto, Paulo nos promete isto: quando o amor de fato estiver atuando em nós, quando o Espírito Santo estiver fluindo em nós em forma de amor, ao mesmo tempo ficaremos livres de nós mesmos e do pensamento sobre o que ganharemos com isso. Então o amor simplesmente fluirá. Então nos entregaremos. Então nos desmancharemos em dedicação sem computá-la como mérito nosso. O amor simplesmente estará aí. E onde ele flui acontece a entrega. Essas palavras são, portanto, uma promessa que Paulo faz a nós. É preciso apenas nos fiar nessa promessa. Então faremos repetidamente a experiência de que o amor flui em nós e nos entregaremos, esquecidos de nós mesmos e com abnegação. Estes serão sempre também momentos de felicidade e instantes de profunda experiência de Deus.

Quando comparamos a descrição do amor com a experiência concreta que fazemos do amor, muitas vezes não conseguimos dizer ao certo se nosso amor é abnegado. Se enquanto crianças experimentamos muito pouco amor, seremos carentes de amor durante toda a nossa vida. Nesse caso, amamos alguém porque nós mesmos gostaríamos de ser amados. Temos fome e sede de amor. Não conseguimos viver sem sermos amados por alguma outra pessoa. Essa carência frequentemente nos leva a ponto de esquecer nosso próprio eu. Porém, esse tipo de abnegação não é libertador, mas, antes, causador de enfermidades. Erich Fromm fala de abnegação neurótica. Há pessoas abnegadas que vivem unicamente para outras. Ainda assim, elas se sentem infelizes. Frequentemente essa abnegação neurótica é manifestação de alguma hostilidade à vida. A fachada da abnegação esconde um intenso egocentrismo (cf. Fromm, 73s.).[5]

Atendi uma mulher que, devido a sua grande carência de amor, estava ligada a um homem que a feria constantemente. No diálogo, ficou claro para ela que deveria separar-se desse homem. Porém, por ter medo de não mais ser amada, ela apostou nesse amor lesivo até ficar doente. Uma mulher que trabalha no abrigo para mulheres contou-me sobre as muitas mulheres que são espancadas por seus maridos. Elas buscam refúgio no abrigo para mulheres. Contudo, assim que o marido aparece, lá se vão com ele de novo, mesmo contando com a possibilidade de que ele venha a agredi-las novamente. Por serem demasiado carentes de amor, elas esquecem sua própria dignidade e voltam a refu-

---

[5] FROMM, Erich. *Die Kunst des Liebns*. Stuttgart, 1980.

giar-se em um amor que, no fundo, não é amor. Elas só sentem a si mesmas quando outra pessoa as deseja ou lhes promete amor. Por não conseguirem ficar a sós, preferem estar com outra pessoa, mesmo que isso seja arriscado e ofensivo para elas.

A questão é: o que poderá ajudar essas mulheres? Certamente de nada adianta dizer para elas que seu amor deve ser abnegado. Eu falaria com elas sobre sua carência e sobre seu anseio por amor. Eu diria: "Em seu anseio por amor já há amor. Anseia pelo homem para se sentir, para satisfazer sua profunda carência de amor. Porém, assim se torna totalmente dependente. Sabe que o homem voltará a lhe bater. Sonde seu íntimo. Sabe o que é amor, já que anseia por ele. No fundo de seu coração há amor. Confie nesse amor. Ele lhe pertence. Imagine esse amor impregnando seu corpo, fluindo para seu rosto, para suas mãos, para seu peito, para seu ventre. Imagine que há dentro de si um amor que a enche de bem-querer. Ele não a machuca. Ele a respeita. É um amor que não reverte em ódio. Não é frágil como o amor que tantas vezes experimenta. Confie nesse amor que está em você".

Uma mulher com esse grau de carência não conseguirá confiar imediatamente no amor que há nela. Porém, a única maneira de ficar livre do amor lesivo consiste em entrar em contato com o amor que há em si mesma. É claro que, para que a mulher sinta esse amor que há nela, precisa fazer com quem a assiste a experiência de um amor que a respeita, que a aceita sem usá-la. A carência de amor muitas vezes a levará a se apaixonar por quem a assiste. Se o terapeuta igualmente for carente, ele corresponderá. Se isso acontecer, o amor já não promoverá a cura, mas uma vez mais levará à dependência. Também o terapeuta precisa experimentar o amor que há nele e que ele pode fazer jorrar sem receber algo em troca por isso. Nesse caso, ele não ama por necessitar de amor, mas porque há amor nele.

"*Ou paroxýnetai*" se traduz por "ele não se deixa levar à ira". O amor não fica amargurado, nem mesmo quando se sente usado, ofendido ou indevidamente considerado. O amor não reprime a agressividade. Porém, quando estamos em contato com a fonte do amor, muita coisa nem consegue mexer conosco. Então não nos deixamos levar à ira tão facilmente. No entanto, não devemos ter uma visão ingênua da relação entre amor e ódio. Amor e agressividade sempre fazem parte um do outro.

Em seu livro *Das Nein in der Liebe (O não no amor)*, Peter Schellenbaum descreveu como a agressividade pode evitar que o amor exija demais de nós. Quem ama o outro, sempre precisa ter também um senso para seus próprios limites e para os limites do outro. A agressividade visa regular a relação de proximidade e distância. O amor só será fecundo a longo prazo se encontrarmos uma boa relação de proximidade e distância. Se nos grudarmos no outro, ficamos interiormente paralisados. Proximidade demais acabará por extinguir o amor em dado momento. O momento em que a agressividade se manifesta constitui um importante impulso para permitir um maior distanciamento, para que consigamos continuar amando o outro. Quando ficamos com raiva, não devemos recriminar-nos por amar muito pouco. A ira nos indica que devemos delimitar-nos melhor para proteger no longo prazo o amor que há em nós.

Falamos também do calor da ira. Ele nos queima e machuca os outros. A ira muitas vezes é expressão do amor recusado. Esperamos do outro que ele nos ame. Quando então não nos sentimos amados ou somos feridos em nosso amor, acende-se a ira. E ela pode converter-se num fogo que nos queima. Tudo passa a girar em torno da ira e do rancor, que acabam totalmente nos dominando. Com raiva, agride-se o parceiro. Há dramas matrimoniais que terminam em fúria alucinada que pode tornar-se tão cega a ponto de resultar em homicídio. A ira pode ser destrutiva. Uma maneira de transformar a ira e integrar sua força no amor poderia consistir em atravessar toda a raiva e chegar até o fundo da alma. Abaixo da ira está o amor pelo qual propriamente ansiamos. A ira visa lembrar-nos do amor que está dentro de nós, do qual ela concomitantemente nos quer separar. O amor também pode ter fogo dentro de si; não um fogo que queima, mas um fogo que aquece. A respeito de uma pessoa que ama dizemos que dela emana calor. O amor não está isento de paixão. Porém, não é uma paixão devoradora, que como um fogo queima a nós mesmos e as pessoas a nosso redor. Ele aquece as pessoas. Ele nos põe em contato com o ardor do Espírito Santo, que abrasa tudo o que há em nós e nos impregna com o amor de Deus.

Certa mulher me contou que muitas vezes fica irada porque seu marido, que já está aposentado, simplesmente é muito lerdo para ajudar nas tarefas domésticas ou para fazer os necessários consertos na casa. Eles já haviam falado muitas vezes sobre isso. No entanto, ele sempre acaba escondendo-se atrás do jornal ou de seus *hobbies*, deixando-a fazer o trabalho sozinha. Por ser muito cristã, ela se recrimina por achar que estaria amando muito pouco, pois o amor "não se deixa levar à ira". No entanto, em vez de se recriminar, ela deveria transformar a ira na energia necessária para pôr o marido a trabalhar. Ou então deveria permitir que a ira destruísse a ilusão que tem de seu marido. Ele simplesmente é lerdo. Ela deve resignar-se com o fato de ter-se casado com esse homem de pouca iniciativa. A ira também tira dela a ilusão que tem a respeito de si mesma: como se ela fosse sempre amável e pacífica. Cada um de nós pode ser acometido por forte ira. Quando isso acontece, às vezes não reconhecemos a nós mesmos. Só quando nos reconciliarmos com nossa raiva, quando entendermos a nós mesmos e ao outro na ira, esta ira pode transformar-se, ela se tornará fecunda para o amor, ela nos mostrará maneiras de proteger nosso amor a longo prazo. A ira nos ensina a traçar nossos limites e cuidar de nós mesmos. Ela visa aprofundar nosso amor e deixar a força da paixão fluir para dentro dele.

No confessionário, mulheres de mais idade às vezes me revelam os insultos que têm de ouvir de seus maridos. Frequentemente são palavras cheias de ódio e desprezo. Como pode um amor acabar em tais xingamentos? A experiência mostra que o amor muitas vezes está mesclado com ira e sentimentos de ódio. A ira é expressão da decepção com a experiência concreta do amor. E exatamente no caso de homens e mulheres de mais idade, a ira ou a amargura com que tratam um ao outro é um sinal de que não aceitaram a mudança que sofreu seu amor. Na velhice, o outro já não é mais tão desejável. Nessa fase, um outro tipo de amor é requerido, um amor que respeita o outro com suas limitações. Em vez de lamentar a transformação do amor durante o envelhecimento, extravasam sua decepção com xingamentos. Há cônjuges que se espantam ao fazer a experiência desses sentimentos de amargura, rancor e ira. No entanto, em vez de se condenarem mutuamente, devem encarar sua decepção e lamentá-la. Então seu amor poderá transformar-se. E então, atravessando a decepção, eles poderão entrar em contato com a fonte do amor que está dentro deles.

O amor "não guarda rancor". Ele não paga na mesma moeda. O amor não é calculista. Ele não estabelece a medida com que o mal deveria ser retribuído. Em relação a todos esses qualificativos, devemos ter sempre em mente que o amor é um dom de Deus. Não podemos simplesmente criar esse amor por nossa vontade. O amor está em nós porque o Espírito de Deus está em nós. Esta é a promessa de São Paulo. Nossa tarefa se resume a nos fiar nesse amor que está em nós e entrar em contato com a fonte interior do amor.

Albert Görres pensa que o mal muitas vezes tem sua origem no fato de colocarmos na conta do outro aquilo que terceiros nos fizeram de mal. Instala-se, então, um círculo vicioso de sentir-se ofendido e retribuir a ofensa. É fatal quando, muitas vezes, pessoas imputam o mal que experimentaram quando crianças a outras pessoas bem diferentes, que nada têm a ver com essas experiências ruins. Elas, por assim dizer, acertam tardiamente com os devedores errados as contas em aberto desde sua infância. O mal é um "incessante puxar cartas a mais no lugar errado" (Görres, p. 136).[6] Se colocarmos na conta do outro o mal que ele faz contra nós, o mal jamais cessará. O mal sempre originará mais mal. Somente quando rompermos o círculo vicioso e desistirmos de creditar o mal e fazer sua contabilidade, a convivência humana se tornará possível. O amor é capaz de desistir da contabilização. Ao mesmo tempo, está contida também uma exigência nessa capacidade do amor. Enquanto tentamos deixar de lado a contabilização, o amor vai crescendo em nós. Estabelece-se um efeito recíproco: o amor vai tornando-nos capazes de renunciar à contabilização. E a renúncia à imputação nos coloca em contato com o amor que há em nós, fazendo com que ele flua com mais força.

---

[6] GÖRRES, Albert. *Das Böse*. Freiburg im Breisgau. 1984.

"Ele se alegra com a verdade"

Ele não se alegra com a injustiça, / mas se alegra com a verdade.

O amor não se alegra com a injustiça cometida contra os outros. Ele próprio não é capaz de cometer nenhuma injustiça. Não quer saber de intrigas nem de *mobbing* (assédio psicológico). Ele se atém ao que é correto. Faz justiça ao outro. Trata-o corretamente. Mas o amor tampouco se alegra com a desgraça alheia. Ele não se alegra quando acontece algo ruim com o outro ou quando este é ofendido e injustiçado por outros. O amor deseja que a justiça seja feita a todos, que todos possam viver corretamente. Ele tem um senso apurado para aquilo que faz bem ao outro. E tem uma fina sensibilidade para a injustiça, para acusações e imputações inverídicas e para atos injustos.

O amor se alegra com a verdade. Verdade pode significar aqui justiça ou correção – como pensam muitos exegetas em conexão com a linguagem da Septuaginta. Mas a verdade tem ainda outro significado nesta passagem. O conceito grego de verdade, "*alétheia*", dá a entender que o véu que encobre a realidade foi afastado. Na linguagem de Martin Heidegger, verdade é "desvelamento do ser". A realidade propriamente dita aparece. A realidade não é falsificada por nossas projeções, por nossos óculos cor-de-rosa ou escuros com que observamos tudo. O amor é uma fonte de conhecimento. Ele permite que vejamos as coisas como são em sua essência. E se alegra com o que está aí.

O conceito hebraico para verdade, "*emuna*", remete-nos a outro significado de verdade. Verdade significa constância, firmeza, confiabilidade. Essa verdade precisa comprovar-se sempre em um fazer que lhe corresponde. O valor da verdade sempre depende da credibilidade das relações interpessoais. Não há verdade sem uma boa relação com o outro. Nessa direção aponta também a palavra alemã para verdade, *Wahrheit*. Ela tem o sentido de "confiável, digno de confiança". Ela está relacionada com a raiz "*Gunst* (favor), *Freundlichkeit* (afabilidade), *Gefallen* (agrado)". O verdadeiro é, portanto, o que produz confiança. Só diz a verdade quem nos quer agradar, quem é amável conosco. Em consequência, não tem nenhum sentido jogar a verdade na cara de alguém. Isso é o oposto da verdade. A verdade sempre tem a ver com uma relação boa e amistosa. Amor e verdade estão associados por sua essência. Somente se amarmos o outro podemos desvelar-lhe a sua verdade. E ele só consegue suportar a verdade sobre si mesmo se sabe que o aceitamos e o amamos com tudo o que há nele.

O amor não é um sentimento que deixa cego para a verdade. Existe a expressão "o amor é cego". Quando nos apaixonamos, giramos de tal maneira em torno de nossa própria paixão que ficamos cegos para a realidade do outro. Nós o transfiguramos e o glorificamos. Queremos ver nele somente aquilo que nos faz bem. O amor autêntico se alegra com a verdade, com a verdade sobre si mesmo e com a verdade sobre o outro. Somente o amor nos torna capazes de dizer a verdade ao outro. E não podemos contemplar a verdade sobre nós mesmos com um simples olhar analítico. Necessitamos de um olhar amoroso para conseguir encarar a verdade sobre nós. O olhar amoroso não emite juízos. Ele permite que a realidade seja como ela é. Porque a verdade consiste em que a realidade apareça como ela é.

À luz da filosofia do filósofo cristão Gabriel Marcel, essa alegria do amor com a verdade adquire ainda outro significado. Em conexão com Martin Heidegger, cuja filosofia ele conhece bem e da qual, ao mesmo tempo, se distancia, Gabriel Marcel fala do ser do existente. O ser é a essência das coisas existentes. E, para Marcel, esse ser é, em última análise, o amor. O ser elucida o existente. Para Marcel, ele é a origem de todas as coisas que existem e, simultaneamente, a origem de todo o pensar. E, para ele, esse ser é idêntico ao amor. Para mim, isso quer dizer o seguinte: quanto mais a verdade surgir, quanto mais entrarmos em contato com o ser, tanto mais tocaremos o amor como o fundamento original de toda a realidade. Quando o ser do existente se tornar manifesto, ele poderá ser experimentado como amor. O amor impregna toda a realidade. Portanto, quanto mais entrarmos em contato com a realidade e a verdade sobre ela, tanto mais aparecerá o amor. E vice-versa: só o amor é capaz de reconhecer a verdade propriamente dita. Diante de quem ama, o véu que encobre tudo é retirado, e resplandece a realidade propriamente dita, o ser do existente. O amor nos conduz à verdade sobre nós mesmos e à verdade sobre o outro. Somente quando amamos o outro, somos capazes de conhecê-lo de fato. Sem amor estão toldados os óculos com que observamos o outro. O amor nos revela a verdade.

Em grego consta, em relação à alegria com a verdade, a palavra "*synchaírei*", o alegrar-se conjuntamente. Essa alegria conjunta remete-me ao que acontece no acompanhamento pastoral ou na terapia, ou em todo bom diálogo entre duas pessoas. O ponto alto de um bom diálogo é atingido quando os parceiros de diálogo abordam a verdade e se alegram mutuamente com ela. Quando o paciente chega à verdade sobre si mesmo, quando ele ganha coragem para encarar sua realidade, o terapeuta se alegra com ele. É testemunha de um acontecimento maior do que ele próprio; não o atribui a si próprio, mas percebe que no momento em que as pessoas conseguem aceitar a verdade sobre si mesmas acontece um milagre.

Na opinião de certo terapeuta, por vezes, casais que buscavam aconselhamento com ele usavam seu amor para encobrir a verdade interior sobre si mesmos. Eles não queriam aceitar como verdade que seu relacionamento acabara. Certamente não é fácil decidirmos quando o amor é capaz de reanimar um relacionamento que se tornou vazio e quando estamos evitando a verdade sobre nós mesmos e preferimos colocar um remendo piedoso, como se o amor pudesse mudar todas as coisas. Também nesse ponto é importante fiar-se no amor, mas no amor encarar a verdade de frente. O verdadeiro amor tem coragem para isso, mesmo que a verdade represente o fim do relacionamento. Ele não condena, mas desvela a verdade para que ela se torne salutar para todos.

"Ele a tudo resiste"

Ele tudo suporta, / tudo crê, / tudo espera, / a tudo resiste.

A descrição do amor é concluída com essa frase marcante, na qual Paulo enfatiza quatro vezes o "*pánta*" – traduzido em português por "tudo". O especialista em Novo Testamento, Wolfgang Schrage, fala aqui de sentenças de tirar o fôlego, denotando uma veemência linguística singular. Gostaria de examinar separadamente cada uma dessas quatro afirmações, mas sempre tendo em mente que o "*pánta*" interliga todas elas.

A locução grega "*pánta stégei*" pode ser traduzida de diversas maneiras. Ou: "Ele tudo suporta", como faz a tradução unificada da Bíblia, à qual recorro, ou então: "Ele encobre tudo. Ele guarda tudo para si. Ele cobre tudo com o silêncio". Linguisticamente essas interpretações são possíveis. E inclusive fazem sentido, o que leva exegetas a associarem a ela esses significados.

Quem está imbuído do amor, consegue suportar e carregar muita coisa sem que isso vá além de suas forças. Nesse ponto, tampouco se visa uma exigência moralizante, no sentido de que devemos ignorar nossos próprios sentimentos e nossas próprias necessidades e suportar tudo o que as pessoas nos impingem. O amor não é pura passividade que se dá por satisfeita com tudo. Esse modo de suportar lembraria a exigência estoica de aguentar todas as tribulações que nos atingem. Paulo de fato é de opinião que os cristãos são capazes de cumprir as exigências estoicas com o seu comportamento. Às vezes ele os exorta a dar um bom exemplo para as pessoas e a viver, diante de todos, aquilo que a filosofia estoica exige.

No entanto, aqui se trata da força do amor. Quem está imbuído do amor, consegue carregar muita coisa sem se esfacelar por causa disso. Ao mesmo tempo, porém, o amor possui algo de acobertador. O amor encobre tudo o que é desagradável com o seu manto. O amor não varre para debaixo do tapete tudo o que não queremos aceitar como verdadeiro. Ele é, antes, como um manto que cobre amorosamente tudo o que nos é desagradável, o que nos sobrecarrega, o que é nu e cru em nós, o que nos faz passar frio. Desse modo, o amor deixa o negativo sem efeito. Isso se aplica tanto ao que é desagradável em nós mesmos quanto ao negativo nos outros. Vemos o que está dentro de nós e o que está dentro dos outros. Não reprimimos nem abafamos essas coisas. Porém, quando as examinamos com amor, nós as cobrimos. Debaixo do manto do amor, o desagradável e hostil pode transformar-se. Se isso acontecer, ele não terá mais poder sobre nós, mas se tornará parte de nós. Ele estará a nosso serviço e nos fortalecerá em nossa jornada.

A palavra grega "*stégein*" também lembra "telhado e teto". O amor é como uma cobertura protetora. Ele impede que, na casa de nossa vida, penetre a umidade, impede que nela se fixem estados de espírito negativos. O amor é como uma casa, onde podemos morar e nos sentir bem, que nos protege de intrusos que querem contestar nosso direito de estar nela. Quem mora na casa do amor também é capaz de oferecer um telhado protetor a outras pessoas, debaixo do qual elas experimentam abrigo e se sentem em casa.

A Bíblia contém uma narrativa sobre a coberta com que o amor cobre a nudez de alguém. Noé havia cultivado uma vinha e bebido do vinho que produzira. Ele estava deitado em sua tenda embriagado e nu. Seu filho Cam viu a nudez do pai e foi contar o fato aos irmãos. Ele tornou pública a nudez do pai e a condenou. Os outros dois filhos de Noé, contudo, tomaram um manto: "Ambos o puseram sobre os ombros e, andando de costas, cobriram a nudez do seu pai. Eles tinham o rosto voltado para trás e não puderam ver a nudez do pai" (Gn 9,23). Eles cobriram a nudez do pai com amor. Quando Noé despertou de sua embriaguez, ficou sabendo o que seu filho Cam lhe havia feito. E o amaldiçoou.

Quem trombeteia os erros do outro aos quatro ventos, prejudica, em última análise, a si próprio. Quem cobre as falhas do outro com amor, não o faz por não querer ver a verdade. Ele as encobre para que as pessoas sem amor não sejam as que julguem a verdade sobre o outro. Esse acobertamento feito pelo amor significa deixar de emitir um juízo e confiar que o outro seja capaz de amadurecer sob a proteção do amor e desfazer-se de suas falhas.

Visão parecida tinham os monges mais antigos. Relata-se a respeito do patriarca Macário, o Grande, "que ele, como consta na Escritura, era um Deus na Terra (Sl 82,6); porque, assim como Deus cobre o mundo com sua proteção, assim o patriarca Macário cobria as fraquezas que ele via como se não as visse, e o que ele ouvia era como se não ouvisse" (*Apóftegma,* 485). Macário cobria as falhas e fraquezas de seus semelhantes com o manto do seu amor, não para reprimi-las, mas para que as feridas por elas abertas pudessem curar no amor de Deus.

"Ele tudo crê" – no texto original grego, "*pánta pistéuei*". O amor confia que o outro pode tudo. O amor deposita confiança nele. Ele jamais o descarta. Ele crê que há um cerne bom no outro. Ele não faz vista grossa para o que há de mau e duro no outro, mas olha para além disso e vê o cerne divino, vê o anseio mais íntimo pelo bem. Em todo ser humano há o anseio por ser bom. E o cerne mais íntimo no ser humano está intacto e é bom.

Os teólogos evangélicos costumam rejeitar essa interpretação. Mas Paulo fala do Espírito que habita em nós. E se o Espírito habita em nós, somos sãos e santos, somos bons. Pois o amor é dom do Espírito Santo. Paulo chega a identificar o amor com o Espírito Santo. Assim sendo, podemos crer que o Espírito Santo está atuando em cada ser humano. E onde o Espírito de Deus está em ação, o ser humano está livre de toda sujeição ao mal, ele está em contato com o cerne bom, com o cerne divino em si mesmo, com a imagem original e intacta que Deus tem dele. O amor confia que outro pode tudo, porque sabe que Deus põe muitas possibilidades à disposição dessa pessoa.

Para mim, esta frase "o amor tudo crê" é um desafio para jamais desistir de alguém. Sempre que experimento uma decepção, atenho-me a essa frase. A decepção também é realidade. Eu não podia imaginar que essa pessoa pudesse ferir-me dessa maneira, que ela pudesse abusar tanto da minha confiança. No entanto, não me limito a essa decepção. Contra toda a aparência, tento acreditar que no outro há um anseio por ser bom. E eu reflito como posso tocar o seu anseio pelo bem.

Essa frase tem importância decisiva também para todo e qualquer acompanhamento espiritual ou terapêutico. Às vezes tenho a impressão de que tal homem ou tal mulher estão tão prejudicados desde a mais tenra infância que nenhuma cura ou melhora é possível. Se confio no amor que há em mim, não deixo de acreditar no outro. Tento, em vez disso, colocar-me no lugar do outro por meio da reflexão. Atravessando a sua casca endurecida, tento descobrir sua criança interior ferida, mas também divina, e atraí-la para fora amorosamente. Confio que, dentro do outro, há um cerne bom e saudável, apesar de todas as lesões e de toda a fragilidade. Com os olhos do amor e da fé tento descobrir esse cerne. Ao acreditar nisso, também torno possível que o outro acredite nisso e não desista de si mesmo. Minha fé é para o outro um espaço onde a fé em si próprio e no bem que há nele aos poucos pode crescer.

Ele "tudo espera" – no texto grego original, "*pánta elpítzei*". A palavra alemã para esperança, *Hoffnung,* vem de *hüpfen*, que significa pular, saltitar. Refere-se à vitalidade interior. Quem tem esperança, está cheio de vida. Ter esperança é algo diferente de ter alguma expectativa. O filósofo francês Gabriel Marcel escreveu uma "filosofia da esperança". Nela, ele escreve que esperar não consiste em ter uma determinada expectativa. O esperar acontece sempre numa relação de amor. Sempre esperamos por alguém e para alguém. A esperança é, portanto, expressão de um amor que jamais desiste do outro. Podemos esperar que o cerne bom no outro se desenvolva, até que a vida que Deus lhe presenteou floresça nele.

Paulo diz a respeito dessa esperança: "Esperança que se vê já cumprida não é esperança. Como se pode esperar algo que já se vê? Porém, se esperamos pelo que não vemos, aguardamos com paciência" (Rm 8,24s.). A esperança extrai do outro aquilo que ainda não vemos no outro. Esperamos que toda pessoa possa vir a ser saudável, que em algum momento ela confie em seu anseio pelo bem, por uma vida bem-sucedida, e tome o caminho da transformação. Porém, muitas vezes não vemos nada disso. O que vemos é apenas essa pessoa enferma, fechada, amargurada. No entanto, a esperança aposta naquilo que ainda não vemos. O lado salutar e saudável no outro frequentemente é invisível. No entanto, pelo fato de termos esperança, conseguimos continuar amando a pessoa que está presa e se fecha em si mesma. Porque esperamos que ela abandone a sua fachada dura e confie na vida que repousa nela.

Contudo, a esperança não se refere só ao outro, mas também a nós mesmos. Conheço uma porção de pessoas que fizeram terapia por muitos anos, que percorreram um intenso trajeto espiritual e têm a sensação de que tudo isso não lhes serviu para nada. Elas não teriam progredido. Elas ainda teriam as mesmas falhas que as fazem sofrer. Ainda seriam tão melindradas e inconstantes como antes. Se há amor em nós, jamais perdemos a esperança, jamais desistimos de nós mesmos. Esperamos por aquilo que ainda não vemos em nós, pelo cerne bom, pelas possibilidades que Deus nos presenteou. Quando padecemos com as nossas feridas, esperamos que elas sejam transformadas em pérolas e que, na nossa jornada interior, gradativamente consigamos assumir a forma única que Deus imaginou para nós.

Em sua análise filosófica do amor, Bernhard Welte estudou a estreita relação que existe entre o amor e a esperança. O amor não reduz o outro ao que percebemos exteriormente nele. Ele penetra pela proteção e pela dissuasão do outro e descobre "em meio ao matagal da vida emaranhada o tu [...] com suas esperanças receosas e atemorizadas, mas ainda assim belas, e com as boas possibilidades nelas contidas" (Welte, 39).[7] O amor "ousa esperar resolutamente com aquele que espera em sigilo, inclusive com toda esperança. E justamente assim ele reanima a esperança receosa" (Welte, 39s.). A filosofia confirma, portanto, a afirmação de São Paulo de que o amor tudo espera. O amor consegue esperar até que no outro se desenvolvam as possibilidades que estão contidas nele.

Em sua reflexão sobre as duas concepções de amor em Bert Brecht e Max Frisch, Dorothee Sölle elaborou a essência do amor cristão. Para Max Frisch, amor significa não fazer ideia do outro. Com isso Frisch diz algo essencial sobre o amor. No entanto, não fazer ideia do outro pode facilmente levar à resignação. Deixo o outro ser como ele é. Num texto breve, Bert Brecht deixa transparecer outra visão do amor: "O que o senhor faz quando ama alguém? Faço um projeto dele, disse o senhor K., e cuido para que se pareça com ele. Quem? O projeto? Não, disse o senhor K., esse alguém" (*apud* Sölle, 30).[8] Aqui o amante parece determinar a pessoa com base no seu projeto. Dorothee Sölle pensa que a tensão entre esses dois textos só pode tornar-se fecunda mediante a fé e a esperança:

---

[7] WELTE, Bernhard. *Dialektik der Liebe*. Frankfurt am Main, 1973.
[8] SÖLLE, Dorothee. *Atheistisch an Gott glauben*. Olten, 1968.

> O amor faz um projeto do outro, não podendo ser concebido sem esperança, mas, não obstante, permite que esse projeto seja tirado de suas mãos, seja reprojetado. Ele não absolutiza nem o passado, como fazem os retratistas, nem o futuro pré-calculado, como os projetistas perfeitos. Assim como não é possível amar sem ter esperança, tampouco se consegue amar sem ter fé, a saber, crer que meu projeto não é tudo, que nem mesmo o seu fracasso representa o fim das possibilidades do amor (Sölle, 36).

Fé e esperança guardam o amor – esta é a convicção de Sölle. Elas protegem o amor de fixar as pessoas em uma imagem ou em um projeto e o preservam de resignadamente deixar a pessoa assim como ela está. Sem fé nem esperança, não existe amor verdadeiro.

O amor esperançoso é condição de toda forma de educação e acompanhamento ou terapia. Pai e mãe não podem educar as crianças se não esperam aquilo que ainda não veem. O amor espera que se desenvolva a vida muitas vezes ainda oculta na criança. O agente pastoral e o terapeuta jamais devem perder a esperança. Se eles têm esperança no que está no outro, são capazes de aguardar. Será, então, um aguardar ativo e, ao mesmo tempo, paciente, marcado pela esperança de que o outro ficará saudável. Ele avançará no seu caminho interior e exterior. Também a esse caso se aplica o que Gabriel Marcel disse da esperança: na terapia não esperamos algum resultado; nós esperamos em prol do cliente e depositamos esperança nele. O amor que flui da fé e da esperança não dá o cliente como perdido, mas tenta extrair dele o bem que está nele, inclusive contra toda aparência de retraimento e com toda esperança.

"*Pánta hypoménei*" – "ele a tudo resiste". A palavra grega pode significar diversas coisas. Em relação a Deus, "*hypoménein*" significa esperar por Deus, perseverar nele. Nesse caso, assemelha-se à esperança. Os cristãos devem esperar por Deus em amor e, em meio às tentações deste mundo, não atentar para as tribulações, mas olhar para Deus e esperar por Ele.

Em relação à experiência no mundo, "*hypoménein*" significa ficar parado, resistir, aguentar firme. Os gregos pensam nos soldados que resistem ao ataque inimigo, que não se põem em fuga, mas ficam parados. O substantivo "*hypomoné*" é muitas vezes traduzido por "paciência". A palavra "paciência", porém, sugere antes um comportamento passivo, ao passo que *hypomoné* é algo ativo: o resistir firme, o aguentar, o suportar, a estabilidade, a firmeza. Trata-se de uma virtude viril que tem em vista a resistência do homem contra o poder inimigo.

Tanto os romanos quanto os gregos apreciam essa constância viril. Para o político e filósofo Cícero, ela consiste em tomar sobre si as maiores tarefas e os maiores sofrimentos para redimir todos os povos (cf. Spanneut, 243).[9] Os Padres da Igreja exaltam a virtude da constância. O ato de assumir sofrimentos com paciência, próprio dos cristãos mais antigos, teria convertido o povo romano à fé. O amor não foge da dificuldade. Ele a suporta e resiste a ela, porque olha para Deus e espera pela sua salvação.

Do fato de Paulo dizer que o amor resiste a tudo, não podemos deduzir nenhuma exigência para que os casais suportem todas as dificuldades, como se quem ama devesse tomar sobre si todos os golpes do parceiro e suportar todo o sofrimento que experimenta no casamento. Isso seria uma atitude passiva. Paulo quer dizer outra coisa: quem sente o amor dentro de si é capaz de tolerar conflitos. Tem a capacidade de se manter em pé. O amor é uma força que nos capacita para resistir às hostilidades

---

[9] SPANNEUT, Michel. *Geduld*. In: Reallexikon für Antike und Christentum, Bd. 9, Stuttgart, 1976.

e aos comportamentos agressivos da parte de outras pessoas. Ele não nos deixa recuar.

Não se trata de suportar tudo e jamais reagir, por mais frequentes e profundas que sejam as feridas que inflige o parceiro. Isso seria resignação e acabaria em masoquismo. Aguentar firme significa antes: não permitimos ser subjugados em nosso amor. Permanecemos em pé. Contrapomos o amor. Temos esperança de que o amor será mais forte do que as forças agressivas que estamos experimentando agora mesmo da parte do outro. Porém, ao mesmo tempo, temos de admitir para nós mesmos com toda a humildade que não podemos resistir a toda e qualquer coisa.

O amor não exige de nós que desmoronemos por causa dele. Ele tampouco exige demais de nós. No entanto, não obstante todas as cargas que nos são impostas, se estivermos em contato com o amor em nós, não sentiremos a carga como algo massacrante.

A hostilidade não consegue penetrar no espaço interior, onde em nós habita o amor. No lugar onde está o amor, podemos estar firmes conosco mesmos, sem nos deixar dominar por outros. Mesmo que alguém nos xingue, não deixamos que isso tire de nós o amor. Permanecemos firmes nele. O amor nos proporciona capacidade de ficar em pé. Ele é como uma rocha, sobre a qual podemos apoiar o pé com segurança.

"O amor jamais acaba"

O amor jamais acaba. / A fala profética chega ao fim, / a glossolalia silencia, / o conhecimento passa.

Porque fragmentário é o nosso conhecer, / fragmentário o nosso falar profético; mas quando chegar o que é perfeito, / todo fragmento desaparecerá.

Quando eu era criança, / eu falava como criança, / pensava como criança / e julgava como criança. / Quando me tornei homem, / despi-me do que em mim havia de criança. Agora é como se estivéssemos olhando um espelho / e víssemos apenas contornos enigmáticos, / depois olharemos face a face. / Agora conheço imperfeitamente, / depois conhecerei completamente, / assim como agora fui completamente conhecido.

A palavra grega para "acabar, cessar" – "*píptein*" – também pode significar "cair". Nesse caso, esse versículo faria parte das declarações anteriores sobre o amor que resiste a tudo e justamente não desmorona sob o peso da dificuldade. No entanto, muitos exegetas traduzem "*píptein*" por acabar, cessar. Eles associam essa declaração com as frases seguintes, nas quais Paulo mostra que o amor é o único que permanece, ao passo que os dois dons tão importantes para os coríntios – conhecimento e dom profético – não só acabarão, como serão destruídos.

Paulo retoma as sentenças condicionais com que introduzira as suas reflexões sobre o amor, nas quais ele expôs que conhecimento e dom da profecia nada são sem o amor. Agora a questão é que só o amor permanece. O amor não é só carisma, não é só dom da graça de Deus, mas "aparição do eterno no tempo" (Conzelmann, 266)[10], ao passo que conhecimento e dom profético são "manifestação do Espírito no modo da provisoriedade" (Conzelmann, 266). Os dons da graça nos foram presenteados apenas como consolo para o tempo de espera pela vinda de Jesus. Paulo escreveu isso aos coríntios já na introdução de sua carta: "O testemunho a respeito de Cristo foi consolidado entre vós

---

[10] CONZELMANN, Hans. *Der erste Brief an die Korinther*. Göttingen, 1969.

de tal modo que não vos falta nenhum dom da graça, enquanto aguardais a revelação de Jesus Cristo, nosso Senhor" (1Cor 1,6s.).

Paulo ainda se vale de outra figura para descrever o contraste entre o amor e os outros dois carismas: conhecimento e dom profético são "fragmento", o amor, por sua vez, é a coisa completa. Conhecimento e dom profético revelam apenas um aspecto de Deus. O amor, contudo, leva-nos para dentro do próprio Deus. Os coríntios se orgulham de suas experiências extáticas limítrofes na glossolalia e no dom profético. No entanto, apesar de essas experiências extáticas apontarem para Deus, elas não nos dão participação em Deus. Isto só o amor proporciona, o qual deve comprovar-se justamente na normalidade e banalidade do nosso cotidiano.

Vivendo em meio ao cotidiano a partir do amor que Deus nos presenteia, recebemos parte em Deus. E essa participação em Deus se tornará completa quando Cristo se revelar em sua glória. Porque "Deus é o amor", como diz a *Primeira Carta de João* (1Jo 4,16). O amor permanecerá mesmo depois de atingirmos a plenitude em Deus. Ele não é somente dom de Deus que nos foi dado como apoio durante a jornada de nossa vida terrena para que ela seja bem-sucedida. Ele é, antes, o próprio Deus. E Deus jamais acaba. Ele nos plenifica na morte de um modo que até agora não foi possível. Ele nos presenteia a unidade consigo mesmo e, junto com esse ser-um com ele, a plenitude do amor. O amor torna-se pleno na morte. E ele permanece até depois da morte. Ele é mais forte do que a morte. Na morte, ele se tornará completo. E todos os aspectos fragmentários e frágeis de nossa existência humana acabarão, para que Deus plenifique em nós o seu amor.

Em seguida, Paulo contrapõe fases distintas da vida – o período da infância e o período adulto. Quando criança, ele pensava e falava como criança. Quando homem, ele pôs de lado o que era próprio da criança. Essa contraposição de ser criança, por um lado, e ser adulto, por outro, era comum na Antiguidade. Paulo associa "o fragmento" com a fase infantil. Ele quer dizer o seguinte: tudo o que consideramos importante aqui na Terra, tudo o que usamos para nos engrandecer é coisa de criança em comparação com a plenitude, quando não mais olharemos para Deus como que por um espelho, mas face a face. A imagem do espelho é apreciada entre os gregos. Para os filósofos gregos desde Platão até Plutarco, o espelho é uma imagem para dizer que conseguimos contemplar Deus apenas indiretamente. A criação é como que o espelho no qual contemplamos a beleza de Deus. Paulo vincula duas imagens, a do espelho e a do enigma.

O enigma remete à teologia judaica. No livro de Números, consta que Deus fala às pessoas por meio de visões e sonhos. Moisés foi o único com quem ele falou face a face (cf. Nm 12,6-8). Paulo relaciona isso com a nossa vida. Nela, Deus fala a nós apenas em sonhos e de modo enigmático. Quando chegarmos à plenitude por ocasião da manifestação de Jesus Cristo, veremos Deus face a face como Moisés. Nessa contemplação desobstruída de Deus completa-se o amor. Por isso, o amor não é só um poder que propicia já à nossa vida atual um sabor distinto. Na morte, o amor se converte no conhecimento pleno de Deus. Nesse momento, conhecer e amar não mais estarão em contraste, mas serão coincidentes. Na contemplação de Deus, nós nos tornaremos um com Ele. Chegaremos ao conhecimento de que Deus é amor. No conhecimento se plenificará, então, o nosso amor. Seremos um com o amor, isto é, com o próprio Deus.

"Fé, esperança, amor – o maior deles é o amor"

Por enquanto permanecem fé, esperança, amor, estes três; / mas o maior deles é o amor.

Na história, fé, esperança e amor se tornaram as virtudes cristãs ou espirituais em distinção às virtudes cardeais desenvolvidas por Platão, tendo sido estas, contudo, também assumidas pela teologia cristã: justiça, bravura, moderação e prudência. As três virtudes espirituais estão estreitamente vinculadas. Não existe amor sem fé. É preciso crer que o bem está no outro para poder lidar bem com ele. Sem fé, o amor seria uma exigência além das forças. E não existe amor sem esperança. O amor sempre também é esperança. O próprio Paulo inclusive atestou essa tríade composta de fé, esperança e amor em outras passagens, como na *Primeira Carta aos Tessalonicenses*: "Lembramos continuamente diante de Deus, nosso Pai, da obra da vossa fé, do desprendimento do vosso amor e da constância da vossa esperança em Jesus Cristo, nosso Senhor" (1Ts 1,3). E logo depois ele fala do "escudo da fé e do amor", que devemos vestir, e do "capacete da esperança na salvação" (1Ts 5,8). Fé, esperança e amor estão, portanto, estreitamente vinculados. Eles descrevem a essência da existência cristã.

Os Padres da Igreja refletiram reiteradamente sobre esse versículo. Eles se perguntavam sobretudo em que medida a fé e a esperança ainda permanecem após a plenificação. Porque, de acordo com o próprio Paulo, a esperança dará lugar ao seu cumprimento (cf. Rm 8,24) e a fé, à contemplação (cf. 2Cor 5,7). Na opinião de Clemente de Alexandria, por ocasião da contemplação de Deus, a fé e a esperança desaparecerão e permanecerá tão-somente o amor, no qual nos tornaremos um com Deus.

Agostinho, em contrapartida, resolve a tensão entre o amor que permanece para sempre e a fé e a esperança que, na opinião da maioria dos Padres da Igreja, desaparecem da seguinte maneira: a fé e a esperança estão contidas no amor. O amor contém e plenifica em si mesmo a fé e a esperança. Hans-Josef Klauck responde assim à pergunta pela relação entre fé, esperança e amor:

> Só o amor transpõe as épocas de modo totalmente invariável, porque somente ele pode ser afirmado a respeito do próprio Deus. Ele é a definição permanente da relação essencial entre Deus, Cristo, o Pneuma e o ser humano no tempo de agora e na eternidade (cf. 1Jo 4,16) (Klauck, 98).[11]

Como quer que se responda a essa questão teológica, o decisivo para mim é que, para Paulo, o amor é o máximo, e que ele, em última análise, plenificará também a fé e a esperança. No tempo presente, no agora, estes três estão interligados: fé, esperança e amor. Na morte, todos os três serão um só no amor, que nos unirá para sempre com Deus, o fundamento de todo amor, aquele que por sua essência é amor. Então tudo será amor e nós estaremos no amor.

Tentei explicar e traduzir para a nossa vida as afirmações mais importantes desse canto maravilhoso sobre o amor. Porém, não obstante toda a interpretação, somos obrigados a confessar reiteradamente que o texto bastantes vezes nos parece estranho. Ele preserva o seu mistério. Ele não se deixa decifrar completamente. No entanto, é justamente o mistério dessas palavras que nos estimula a refletir sobre elas de maneira sempre renovada e imergi-las dentro de nós. Jamais daremos esse texto por terminado. É o próprio Deus que, em última análise, fala a nós nas palavras que

[11] KLAUCK, op. cit.

Paulo escreveu à comunidade em Corinto. O apóstolo compôs esses versículos em estreita conexão com a filosofia grega e a teologia judaica; simultaneamente, porém, esse texto está embasado na sua própria experiência com o amor de Deus. Não são simplesmente palavras ditas por dizer. Elas foram moldadas de uma forma maravilhosa. E pedem para ser reiteradamente meditadas e interpretadas em vista de nossas experiências concretas com o amor. Quando isso acontece, as palavras nos abrem os olhos para o amor com que nos deparamos na vida. E as experiências que fazemos com o amor nos revelam o sentido das palavras.

No que segue, ainda gostaria de iluminar mais detidamente o 13º capítulo da *Primeira Carta aos Coríntios* a partir de outras perspectivas. Inicio com o canto maior ao amor que nos foi presenteado pelo Antigo Testamento, para depois lançar um olhar para a filosofia, para a psicologia e para as experiências com esse texto no aconselhamento matrimonial.

2
O hino ao amor no Antigo Testamento

Enquanto Paulo exalta a *agápe* como o amor que Deus presenteou ao ser humano na qualidade de dom da graça, os cantos do *Cântico dos Cânticos* do Antigo Testamento visam claramente o amor entre homem e mulher, mais precisamente não só o amor entre noiva e noivo, mas também o amor livre entre namorado e namorada. O *Cântico dos Cânticos* do Antigo Testamento é uma coletânea de cantos de amor maravilhosos. Eles são arte poética. Há nele espirituosos cantos de sedução, nos quais o noivo leva a noiva a segui-lo. Há nele cantos em que o namorado louva a beleza da namorada ou em que esta descreve o corpo belo e vigoroso do namorado. Há diálogos e cantos repletos de conjurações e anseios. Todos esses versos expressam que o amor erótico e sexual entre homem e mulher é uma força superpoderosa e simultaneamente um dom maravilhoso que Deus presenteou ao ser humano, e de que este pode desfrutar lautamente. O sentido do amor entre homem e mulher está contido nele mesmo. Ele enche os que amam de anseio e felicidade. Esses cantos estão isentos de valoração moral ou mesmo de uma moralização medrosa da sexualidade. Neles amor e sexualidade estão intimamente ligados. A alegria com a sexualidade é concomitantemente expressão do amor que encanta o homem e a mulher.

Quando ouvimos os maravilhosos poemas, acende-se dentro de nós o anseio por amor. Sentimos o amor dentro de nós mesmos quando a noiva diz: "Não perturbeis o amor, não o desperteis até que ele próprio o queira" (Ct 2,7). Ou quando o noivo diz: "Levanta-te, minha amada, minha bela, vem até aqui! O inverno já passou, já se foi a chuva. No prado despontam as flores; chegou o tempo de cantar" (Ct 2,10-12). Os enamorados podem dizer isso um para o outro ainda hoje para dar expressão ao seu amor. Um homem dificilmente poderá expressar seu amor por sua mulher de modo mais belo do que com as seguintes palavras:

> Encantaste-me, minha irmã, minha noiva; sim, encantaste-me com um só dos teus olhares, com uma só pérola do teu colar. Como é belo o teu amor, minha irmã, minha noiva; mais doce que o vinho é o teu amor, o aroma dos teus cremes é mais delicioso do que qualquer outro bálsamo (Ct 4,9s.).

E uma noiva dificilmente poderá encontrar palavras mais adequadas para expressar o seu amor do que estas: "Estou doente de amor" (Ct 5,8). Ou estas: "Sou do meu amado, e ele anseia por mim. Vem, meu amado, saiamos ao campo, pernoitemos nos povoados" (Ct 7,11). Onde uma mulher encontraria palavras mais bonitas para expressar o seu amor do que as do canto de anseio da moça?

> Grava-me como um selo no teu coração, como um selo no teu braço! Forte como a morte é o amor, cruel como o mundo dos mortos é a paixão. Suas brasas são brasas ardentes, chamas poderosas. Águas torrenciais não podem apagar o amor, nem a correnteza arrastá-lo embora. Se alguém oferecesse toda a sua riqueza em troca do amor, só receberia desprezo (Ct 8,6s.).

Quando recomendei a um pastor evangélico os cantos de amor do *Cântico dos Cânticos* para que refletisse à luz deles sobre o seu próprio matrimônio, ele confessou que nunca em toda a sua vida havia relacionado esses cantos com o seu próprio amor por sua mulher. A meditação lhe fez bem. Ela lhe possibilitou expressar a profundidade de sua própria experiência de amor com palavras que ele próprio não poderia ter formulado de maneira tão bela. Há enamorados que recorrem a essas palavras para declarar, com o auxílio delas, o seu amor. E muitas vezes ficam fascinados com essas imagens maravilhosamente meigas com que a Bíblia descreve o amor entre homem e mulher.

Os cantos não só exaltam o amor entusiasticamente, mas também falam dos perigos do amor. São realistas. Têm ciência das ameaças que rondam o amor entre namorado e namorada, entre homem e mulher. Neles consta: "Apanhai as raposas, as pequenas raposas! Elas devastam as vinhas, nossas videiras já em flor" (Ct 2,15). No Egito, raposas representam os amantes de segunda qualidade, os mulherengos. O amor deve ser resguardado deles. Porém, pequenas raposas que reviram a vinha e minam seus muros são também um símbolo para os sentimentos do ciúme e da mágoa, do querer dominar, os quais ameaçam o amor. Sempre que decepções ou ofensas não são externadas, mas engolidas, transformam-se em raposas que danificam a vinha do amor. São pequenas raposas. No início nem se percebe que estão aí. No entanto, se os amantes não cuidarem, se não falarem sobre seus sentimentos, sua vinha do amor de repente estará devastada. Os muros não se sustentarão mais. Todo o seu amor terá sido revirado pelas pequenas raposas.

Outra imagem para a ameaça ao amor são os pastores enxeridos que respondem sido pergunta da moça enamorada pelo seu amado (cf. Ct 1,7). Para Lorenz Wachinger, esses pastores enxeridos são imagem para o perigo que "inveja e malícia, satisfação maldosa da parte de terceiros" (Wachinger, *Ehe*, p. 164) representam para o amor. Os amantes devem cuidar bem do seu amor, senão outros se intrometem entre eles e os distanciam. Um conhecido diz algo negativo sobre a namorada ou a esposa. Mesmo que eu me recuse a acreditar, o que foi dito me rói por dentro. E de repente estou olhando para a namorada com o óculo negativo do outro. Palavras de terceiros podem destruir o amor.

E ainda outra situação difícil do amor é abordada: os sentimentos do noivo e da noiva não são sempre concomitantes; bastantes vezes têm fases que não coincidem. A noiva abre a porta para o seu amado. Ela gostaria de deixá-lo entrar:

> mas o meu amado se foi, desapareceu. Fiquei sem fôlego: ele foi embora. Procurei por ele e não o encontrei. Chamei por ele, mas ele não respondeu. Então me encontraram os guardas em sua ronda pela cidade; bateram em mim, feriram-me. Tiraram o manto de mim, as sentinelas das muralhas (Ct 5,6s.).

Justamente quando a mulher carece do amor do homem, ele não está presente. Quando ela precisa do homem, este está interiormente ausente. Quando ela quer falar com ele, ele não tem vontade, porque ainda está ocupado com o seu trabalho. E, ao procurar por ele, ela topa com os guardas da cidade. O canto se refere aos guardas que fazem a ronda noturna pela cidade para zelar por silêncio e ordem. Eles dão à namorada doente de amor um tratamento bem brutal. No entanto, transpostos para a nossa vida, os guardas podem ser uma imagem para os critérios interiores que sempre se interpõem em nosso caminho quando nos entregamos ao amor. Manifestam-se nessa ocasião os critérios dos pais, que não se harmonizam com o nosso desejo. Não sabemos se o nosso amor está correto ou não, se podemos entregar-nos a ele ou se devemos restringi-lo com o auxílio das normas que se manifestam em nosso íntimo. Muitas vezes essas normas internalizadas são impiedosas. Elas não levam em consideração o nosso anseio por amor, mas nos enquadram dentro de um sistema que obstaculiza o nosso amor.

Os cantos de amor não são simples descrições do amor entre homem e mulher. Eles estão repletos de imagens. O *Cântico dos Cânticos* haure suas imagens dos cantos de amor do Egito, da Síria, da Mesopotâmia e da Palestina. Ao fazer isso, toma atributos das deusas do amor do Oriente Próximo para descrever a noiva. Quando seu pescoço é descrito como uma torre, não se trata só da aparência exterior do pescoço. Trata-se, antes, da inexpugnabilidade da noiva. Ou quando ela é descrita como jardim cerrado, como fonte selada, isso quer dizer que a mulher está fora do alcance. Por um lado, expressa-se aí um mistério entre homem e mulher, a saber, que o homem não pode simplesmente conquistar a mulher à força, mas deve aproximar-se cuidadosamente dela. Por outro lado, a mulher é dotada aqui de atributos como que divinos. Ela é descrita como uma deusa do amor.

Essa linguagem metafórica inerente aos cantos levou a que já os judeus interpretassem esse texto metaforicamente, mais precisamente, como metáfora do amor entre Javé e Israel. Houve uma controvérsia entre os judeus sobre se esse livro deveria mesmo ser aceito no cânon. O livro supostamente procede dos círculos sapienciais e se originou por volta do ano 300 antes de Cristo. No início, certamente se tratava de um canto de exaltação ao amor erótico e sexual entre homem e mulher. No entanto, supostamente já por volta do ano 100, os judeus ficaram chocados com essa visão puramente humana e entenderam os cantos como descrição do amor entre Deus e seu povo. Nesse viés, eles acolheram o livro no cânon e o utilizaram como rolo festivo na festa da Páscoa. E assim ele se tornou muito apreciado. O Rabi Aquiba diz o seguinte sobre o *Cântico dos Cânticos*: "Todas as épocas juntas não se comparam ao dia em que o *Cântico dos Cânticos* foi dado a Israel; porque todos os escritos (do cânon) são sagrados, mas o *Cântico dos Cânticos* é o mais sagrado de todos" (Lapide, 24).[1] Pinchas Lapide enumera seis diferentes modos como os judeus interpretaram o *Cântico dos Cânticos* no decorrer da história – inclusive sob influência da filosofia grega:

1. Como canto nupcial de duas pessoas, às quais o amor deu asas.
2. Como canto da alma que anseia por elevar-se ao encontro de Deus.
3. Como canto de amor de Israel, cujo desejo está voltado para Deus.
4. Como parábola de toda divisão na Terra que busca a cura pela união.
5. Como diálogo entre corpo e alma que almejam trilhar o caminho da síntese plena.
6. Como canto messiânico do redentor e sua comunidade salvífica (Lapide, 23).

A Igreja interpretou alegoricamente o *Cântico dos Cânticos* já desde Orígenes – ou seja, pouco depois do ano 200 d.C. – como descrição do amor entre Cristo e a Igreja e entre Cristo e a alma individual. Na tradição de Orígenes, numerosos Padres da Igreja e autores espirituais – de Gregório Magno até Bernardo de Clairvaux – interpretaram misticamente o *Cântico dos Cânticos*

[11] LAPIDE, Pinchas. *Das Hohelied der Liebe*. München, 1993.

como descrição da união mística de Deus com a alma humana. Na Idade Média, surgiu mais outra interpretação: os cantos receberam uma interpretação mariana, como descrição do amor entre Maria e seu filho Jesus. Essa interpretação foi assumida então sobretudo pela liturgia. Nas festas marianas, ainda hoje são lidos ou utilizados em cantos com frequência textos do *Cântico dos Cânticos*.

Um dos fatores determinantes da interpretação alegórica talvez tenha sido o temor infundido pela dimensão erótica desses cantos; para mim, no entanto, esse fato também evidencia algo essencial do mistério do amor. O amor entre homem e mulher possui uma dimensão profunda que não é inteiramente detectada pela descrição puramente psicológica. No amor erótico e sexual entre homem e mulher sempre está em jogo também a noção de uma possível união com o fundamento do ser. Em última análise, no amor entre homem e mulher sempre está contido também um potencial de transcendência – como diz o conselheiro matrimonial Hans Jellouscheck. Esse amor está aberto para o amor, que é maior do que os amantes. Ele está aberto para o amor divino.

Os Padres da Igreja que interpretaram alegoricamente o *Cântico dos Cânticos* viram as imagens eróticas como a descrição mais acertada de nossa relação com Deus. Para eles, o amor sempre esteve aberto também para Deus. Sobre o místico espanhol João da Cruz conta-se que, no leito de morte, pediu para que lessem o *Cântico dos Cânticos*. Ele, portanto, não quis ouvir nenhum salmo penitencial, mas essa maravilhosa lírica do amor do *Cântico dos Cânticos*. Para ele, esse texto era a descrição mais acertada do que o aguardava na morte. Ele esperava tornar-se um com Jesus Cristo na morte. E nessa união é satisfeito o seu anseio por amor, que ganha expressão nos cantos do *Cântico dos Cânticos*.

Tanto Orígenes quanto João da Cruz conheciam o sentido literal desses cantos. João viu os dois sentidos contidos num só. Ele não ignorou o aspecto erótico desses cantos, mas meditou sobre ele e, ao meditar, sentiu ao mesmo tempo o mistério do amor a Deus. Nesse tocante, há dois caminhos. No primeiro, aqueles que vivenciam corporalmente o amor sexual entre homem e mulher sentem, na experiência desse amor, a abertura para o mistério do amor divino. Ao se tornarem um com o outro, experimentam simultaneamente a união com o mundo todo e, no fundo, também com Deus, o fundamento originário do mundo. E há o segundo caminho, que não passa pelo casamento, o caminho da renúncia ao amor corporal, visando redirecionar para Deus a dimensão erótica que está contida em todo amor e o anseio que está oculto na sexualidade. Essas duas maneiras são possíveis. Em ambas não há como fugir dos aspectos erótico, sexual e corporal do amor. Mas em ambas também se trata de ver o corporal como símbolo do espiritual e de amar com o anseio do corpo todo a Deus, o único capaz de satisfazer definitivamente todos os nossos mais profundos anseios por amor. Contudo, também o amor a Deus necessita do sensual e extático que reverbera nos maravilhosos cantos de amor.

Paulo descreve o poder do amor que Deus presenteou à humanidade no Espírito Santo. Esse amor ganha expressão no amor entre homem e mulher, entre amigos, como amor ao próximo, como amor-próprio e como amor a Deus. O *Cântico dos Cânticos* do Antigo Testamento toma outro caminho. Ele parte do amor sexual entre homem e mulher e se abre para o amor a Deus e para o amor que foi presenteado por Deus às pessoas e que constitui o fundamento de toda criação. Se virmos as declarações de São Paulo à luz dos cantos de amor do Antigo Testamento, é perfeitamente legítimo relacioná-las também ao amor entre homem e mulher. O amor entre homem e mulher é um lugar onde pode ser experimentado o dom gracioso do amor que Deus nos presenteou em Jesus Cristo. Mas, independentemente do nosso ponto de partida, o importante é que sempre abramos cada experiência também para o amor divino, que é o fundamento também do amor sexual.

3
O hino ao amor e a filosofia

Se colocarmos o canto maior ao amor, que Paulo entoou na *Primeira Carta aos Coríntios*, em um quadro de referência filosófico e voltarmos a examiná-lo, algumas sentenças do apóstolo aparecerão sob nova luz. Deixaremos, então, o diálogo intrateológico travado pela maioria dos exegetas e lançaremos um olhar ainda mais profundo para dentro do mistério do amor. Paulo conhecia a filosofia grega. Platão, o maior dos filósofos gregos e, em última instância, o solo do qual se nutre o restante da filosofia, escreveu extensamente sobre o amor, sobre o *éros*. No *Fedro*,[1] ele faz cinco homens diferentes pronunciarem cinco grandes discursos sobre *Éros*. Nestes se refletem as múltiplas facetas do amor. Uma só perspectiva não é o bastante para contemplar o mistério do amor. Em um dos discursos, *Éros* é exaltado como o mais antigo dos deuses. *Éros* é bom e a causa de todo o bem que há no mundo. No terceiro discurso, Erixímaco vê *Éros* como força cósmica. *Éros* não se refere só ao amor entre homem e mulher, mas impregna toda a natureza animada e inanimada e

[1] N.T.: Na verdade, o escrito a que o autor se refere é o *Banquete* (cf. Platão. *Banquete*. In: ID. *Apologia de Sócrates. Banquete*. São Paulo: Martin Claret, 2003).

produz a harmonia em tudo. O amor é a lei do ser. Ele promove a união de todas as coisas e deseja produzir consonância, harmonia em todas as oposições da vida, seja na natureza animada e inanimada, na economia, na arte, seja na ginástica.

Aristófanes vê o amor como a estrutura existencial do ser humano. Ele narra o mito de que originalmente homem e mulher formavam juntos um ser em forma de esfera. Por temer que esses seres sobre-humanos pudessem tornar-se perigosos para os deuses, Zeus mandou cortá-los em dois seres separados. Disso resultou o *éros* como o anseio de uma metade por sua outra metade original. Platão, por sua vez, interpreta esse mito no sentido de que o amor é inerente ao ser humano desde a sua origem. "Ao encontrar a sua metade original no amor bem-sucedido, ele encontra o seu próprio eu e lhe dá sua aprovação" (Hirschberger, 34).[2] O amor, portanto, leva o ser humano ao seu verdadeiro eu.

Platão desenvolve o que ele próprio pensa sobre o *éros* no discurso proferido por Sócrates. Para Sócrates, *Éros* não é nenhum Deus, mas um ser intermediário entre Deus e homem. O amor quer fazer com que o ser humano entre em contato com o bem. E o *éros* é a força que gera o belo. Na forma do *éros*, os seres humanos carregam dentro de si uma força geradora tanto no que se refere ao corpo quanto no que se refere à alma. A força geradora do corpo se une com o corpo da mulher, gerando algo novo cada vez que isso acontece. Dessa maneira, o ser humano mortal tem parte no imortal. Mas também a alma gera conhecimento e valores intelectuais. Poetas, artistas e filósofos não estão mais interessados na beleza de corpos individuais, mas em visualizar a beleza em si. O amor ascende da

---

[2] HIRSCHBERGER, Johannes. *Der platonische Eros*. In: Was heiβt Liebe? Zur Tradition eines Begriffes, hrsg. von der Rabanus Maurus – Akademie, Frankfurt am Main, 1982.

concreticidade do corpo belo para o belo originário que está na base de todas as coisas. A felicidade suprema do ser humano consiste em chegar à contemplação do belo originário. E quando, por meio do amor, o ser humano contempla o belo em si, é gerada também a verdadeira virtude. "Ora, para aquele que em si cria e alimenta a verdadeira virtude é que vão os favores e o amor dos deuses – e, se é dado ao homem tornar-se imortal, ninguém mais do que esse o consegue!"[3] O amor é, para Platão, a chave do sentido da vida e da origem do mundo. Em sua alma, o ser humano já está ciente da força do amor antes de tê-la experimentado. Ela está de prontidão dentro do ser humano como força originária.

Se compararmos essas ideias de Platão com o canto maior ao amor em Paulo, reconheceremos que Paulo naturalmente está interessado no comportamento concreto do amor, mas que ele entende o amor como uma força que provém de Deus, e não só isso: ela própria é divina; por meio do amor o ser humano tem parte em Deus. Além disso, com o seu canto de louvor ao amor, Paulo dirige suas palavras à noção originária do amor que todo ser humano traz dentro de sua alma, para que essas palavras a despertem no fundo de sua alma. Esse despertar do amor visa levar o ser humano a viver de modo correspondente à sua verdadeira essência.

Paulo, contudo, não vê o amor fundado simplesmente na essência do ser humano, como faz a filosofia grega. Para ele, o amor é antes e sobretudo um dom de Deus. Ele foi derramado pelo Espírito Santo em nosso coração. E esse amor que está dentro de nós precisa agora ganhar expressão concreta: o amor enquanto fundamento originário de todo ser manifesta-se no amor entre

---

[3] N.T.: Trad. de Jean Melville, cf. PLATÃO. *Banquete*. In: ID. *Apologia de Sócrates. Banquete*. São Paulo: Martin Claret, 2003, p. 150.

homem e mulher, no amor por nós mesmos, no amor ao próximo e no amor que Deus demonstra por nós, e no nosso amor a Deus. Experimentando e praticando os diferentes modos do amor, participamos do fundamento do amor, chegamos ao nosso verdadeiro eu e intuímos Deus como a fonte de todo amor.

Plotino, o maior dos filósofos platônicos, aprofundou as ideias de Platão 200 anos depois de Paulo. Ele fala que o *éros* se inflama dentro de nós em vista do belo. O belo absoluto ama a si mesmo. Deus é amor em si mesmo na forma de puro esplendor. No amor, os que amam encontram-se como que em Deus. "Não como se eles próprios fossem divinos no seu em-si, mas porque têm parte no divino por sua procedência, assim como a cópia tem parte na imagem original" (Hirschberger, 42). A centelha divina do amor está em todo amor humano, mesmo que esse amor seja puramente sexual ou esteja mesclado como pretensões de posse e ganância. O que importa é que essa centelha divina do amor seja reiteradamente acendida em nossos modos concretos de amar. Nossa experiência de amor às vezes é encantadora. Quando é assim, temos a impressão de que o amor nos transporta para dentro de Deus, que o amor nos diviniza. Entretanto, repetidamente somos forçados a constatar com pesar que o amor nos machuca, que ele escorre por entre nossos dedos ou que se mistura com outros sentimentos, como agressividade, vontade de controlar, agarrar, ou até com ódio e vingança. Mas até nessas formas equivocadas do amor ainda está contida a centelha divina do amor original.

Se examinarmos as declarações paulinas tendo como pano de fundo as ideias platônicas e plotínicas, fica claro para nós que Paulo não nos dirige palavras moralizantes no sentido de que devemos amar e, ao fazê-lo, jamais devemos pensar em nós nem em nossas necessidades. Ao contrário, ele pinta diante de nossos olhos o mistério do amor divino, que nos foi dado no Espírito Santo, para que descubramos, nas formas cotidianas com que experimentamos o amor, esse amor divino como o fundamento propriamente dito. E quando, através de nosso amor tantas vezes tão minguado e mísero, descobrimos esse fundamento original divino do amor, nossa vida adquire uma nova qualidade. Então reconhecemos até mesmo na debilidade do nosso amor a força divina do amor que tudo suporta, tudo crê, tudo espera e a tudo resiste. Johannes Hirschberger finaliza suas reflexões sobre o *éros* platônico com palavras que fazem com que as declarações paulinas apareçam sob uma nova luz:

> Portanto, que é o *éros* platônico? Ele é essa centelha divina em nós e no mundo. Ele é capaz de conduzir todo o nosso amar e querer através das complicações da temporalidade para um destino eterno e animar o mundo como o *desiderium collium aeternorum* (anseio pelas colinas eternas) (Hirschberger, 45).

Deus infundiu o amor em nosso coração. Nesse amor tocamos Deus. Nele, temos parte no amor eterno de Deus em meio a este mundo. E, pelo amor, Deus inscreveu em nosso coração o anseio que não nos dá sossego até encontrarmos sossego em Deus.

Os Padres da Igreja tentaram ligar e reconciliar a filosofia do amor com as declarações de São Paulo sobre o amor. Eles não se cansam de refletir sobre o mistério do amor. Algumas de suas reflexões nos são estranhas. Gostaria de destacar apenas uma ideia de Santo Agostinho. Ele parte do pressuposto de que Deus implantou o amor na alma humana como desejo por si mesmo. "Denomino amor o movimento da alma de alegrar-se em Deus por causa dele mesmo." Agostinho entende o amor como uma casa onde podemos morar, mas também como uma força que mora em nós: "*ha-*

bita ed inhabitaberis, mane, ed manebitur in te – habita, a saber, no amor, e descobrirás que és habitado, permanece no amor e verás que se está permanecendo em ti" (Welte, 23s.).[4]

O amor é como um milagre na dureza e sobriedade do nosso mundo. E ele não toma conhecimento do tempo. Ele é "como um instante atemporal, eterno, como um vislumbre da eternidade, mesmo que possa ter sido estendido de fora para dentro dos limites do tempo finito" (Welte, 25). Agostinho formulou esse mistério do amor nestas palavras maravilhosas: "*Quo nisi deo plenus est qui plenus est dilectione?* – Quem está pleno de Deus senão aquele que está pleno de amor?" (Welte, 25). Assim, o amor não só liga o eu com o tu, mas, em última análise, o ser humano com Deus. No amor, torna-se possível experimentar "a harmonia com o mundo todo e a harmonia do terreno com a vida supraterrena-divina" (Welte, 26).

Em sua filosofia do amor, o teólogo e filósofo Bernhard Welte aprofundou ainda mais essas ideias de Santo Agostinho. Para ele, o amor é provocado em mim pelo que há de amável no próprio tu. No amor, o que há de amável no tu se torna visível, reluz e aparece. O amável sempre é também o belo e o bom que há no outro e que vem à luz no amor. Não se trata do nosso ideal de beleza, mas "aquela beleza, em virtude da qual os olhos do amado são belos para aquele que ama, porque o tu amado brilha concretamente de dentro deles" (Welte, 30). Naturalmente sabemos que o outro não é só bom. Porém, no amor o bem reluz dentro dele. Não podemos amar no outro a falta do que é bom. No entanto, "o amor é capaz de descobrir as possibilidades e esperanças ocultas e escondidas atrás do tu, por mais que ele esteja obscurecido" (Welte, 35s.). Esse amor que Deus pôs em nosso coração se expressa em cada experiência humana de amor. Mas ele é,

[4] Welte, op. cit.

ao mesmo tempo, o fundamento de todo amor interpessoal. Se procurarmos desvendar a experiência que está por trás dessa afirmação, deparamo-nos uma vez mais com as declarações de São Paulo: em todas as experiências humanas de amor, quer seja um amor de desejo, um amor de amigo ou um amor puro, está presente também o fundamento mais profundo do amor, o amor que é dom de Deus a nós. Esse amor, todavia, não foi infundido só no coração humano, mas também no cosmo. O amor é como que o princípio estruturante de todo ser. Deus implantou o amor na criação. E assim esse amor pode vir ao nosso encontro também na criação. Para muitos, isso se tornou uma experiência importante. Eles têm a sensação de que percebem na natureza algo do amor de Deus. Trata-se de um amor que não emite juízos valorativos, mas que os deixa existir incondicionalmente, e de um amor que os impregna de vida e carinho.

Paul Tillich tentou, enquanto teólogo evangélico, integrar na teologia as declarações filosóficas e psicológicas sobre o amor. Para ele, o amor é o "impulso para voltar a unir o que está separado", o "desejo de unidade do que está separado". Também ele vê o amor como fundamento de todo ser. Deus não só criou o ser por amor, mas também o impregnou de amor. Paul Tillich igualmente distingue as diferentes formas do amor. A *éros*, *filía* e *agápe* ele acrescenta ainda a *libido*, para retomar o conceito de amor de Sigmund Freud. No entanto, ele não entende a libido em primeira linha como pulsão sexual, mas "como pulsão para superação de uma carência, como impulso natural 'para a autossatisfação vital'" (*apud* Meckenstock, 168).[5] Ora, Tillich pensa que a *agápe* está presente em todas as formas do amor, que a *agápe* é "a dimensão profunda do amor".

---

[5] MECKENSTOCK, Günter. Liebe. VII. Neuzeit. In: Theologische Realenzyklopädie XXI.

Todas essas tentativas filosóficas de compreender o mistério do amor visam tornar-nos sensíveis para o que Paulo descreveu no canto maior ao amor. Em todas as formas concretas de nosso amor, tantas vezes tão frágil, o amor divino está presente. Assim sendo, a experiência do amor entre homem e mulher, entre dois amigos, entre pai, mãe e crianças e a experiência do amor na natureza, na música e na poesia sempre fazem parte da experiência mística do amor como um todo. Todo amor nos remete ao poder do amor que há em nós, que Deus infundiu em nosso coração por ocasião da criação, que ele presenteou aos cristãos de maneira renovada no Espírito Santo como dom da graça. Por isso, em última análise, Paulo quer levar-nos, em todas as experiências que fazemos com o amor, a chegar ao fundamento e, com gratidão, ter consciência de que o próprio Deus enviou o seu amor ao nosso coração. Esse amor ninguém nos pode tirar. Ele não pode ser destruído nem mesmo por experiências decepcionantes ou dolorosas com o amor humano. Porque ele é, em última análise, amor divino, um amor que nos quer conduzir para a união mística com Deus.

4
O hino ao amor e a psicologia

Fui convidado para dar uma palestra sobre o amor em um congresso de terapeutas. O lema do congresso era "Amor cura – amor adoenta". Se olharmos para o capítulo 13 da *Primeira Carta aos Coríntios* a partir da perspectiva da psicologia, devemos ter em mente sempre a tensão interna inerente ao amor. O olhar psicológico nos impede de falar do amor de modo demasiado romântico ou idealista. O amor possui a força encantadora e transformadora de que Paulo fala. Porém, muitas vezes ele se manifesta em nós como uma força que nos deixa doentes, que nos torna cegos para a nossa própria realidade. Não é só a carência de amor que nos adoenta, mas também amor em demasia pode prejudicar-nos.

Formas adoentadoras de amor

A psicologia conhece a força curativa do amor, mas também as formas do amor que adoentam. A criança precisa do amor da mãe e do pai para ter um crescimento saudável e para, mais tarde, ser capaz de amar. Ela recebe o amor do pai e da mãe. Porém, já nessa fase há uma disparidade entre o amor que a criança recebe e o amor que ela espera receber. Temos uma necessidade infinita de sermos amados. E com frequência não estamos totalmente satisfeitos com o amor que o pai e a mãe nos deram. Eles deram o que podiam dar. Mas não puderam dar o que esperávamos deles.

E com bastante frequência o amor do pai e da mãe está mesclado com outros motivos. Eles amam as crianças para compensar, por meio do seu amor, a falta de amor que eles próprios vivenciaram como crianças. Nesse caso, porém, o seu amor não é desinteressado. Ele tem segundas intenções. Em muitos casos, o pai e a mãe querem prender a criança a si mesmos. Ou então surge um amor simbiótico. Mãe e filha, mãe e filho, pai e filha ou pai e filho se fundem no amor. Isso muitas vezes impede os filhos de trilharem seus próprios caminhos. Eles experimentaram um amor que os prende demais e os torna incapazes de amar. É difícil para eles cumprir a palavra de Jesus e deixar pai e mãe para unir-se à mulher ou ao homem e tornar-se uma só carne com ela ou ele. Sua capacidade de amar foi prejudicada demais pela simbiose com o pai e a mãe.

O amor também deixa doente quando brota de uma carência muito grande. Reiteradamente me deparo com pessoas que são tão carentes de amor que se tornaram cegas para o amor autêntico. Assim que alguém dá atenção a elas, apegam-se a essa pessoa. Agarram-se a qualquer fiapo. Bastantes vezes confundem o amor com o "estar-juntos". Por terem medo de ficar sozinhas, amam qualquer pessoa que é gentil com elas. Quando, então, são exploradas, elas nem se dão conta dessa situação. Reagem a isso, lamentando sua falta de sorte no amor. Toda relação acaba rompendo-se. Porém, elas nem percebem que não é só culpa do outro que as ama muito pouco, mas também da sua própria cegueira. Elas se agarram com tanta força ao outro que, em algum momento, este se sente oprimido e se livra desse agarramento. Elas são consumidas pelo anseio por uma pessoa que as ame incondicionalmente. Mas experimentam sempre um amor frágil e limitado. Elas exigem demais de qualquer pessoa que as ama, porque esperam dela a cura de sua carência. No entanto, quando a carência é muito grande, qualquer pessoa sente medo em algum momento desse poço sem fundo que nenhum amor consegue encher.

Pessoas que esperam demais do amor do outro muitas vezes são incapazes de amar a si mesmas. Elas não suportam estar consigo mesmas. Elas se percebem apenas quando o outro as ama. Com isso, porém, sobrecarregam o amor do outro. Muitas vezes resulta daí um círculo vicioso: por não terem sido amadas suficientemente, são incapazes de amar a si mesmas. E assim, ao esperar demais do amor do outro, destroem esse amor. Todavia, em algum momento têm de romper esse círculo vicioso, lamentando dolorosamente a carência de amor. Esse ato de lamentarem-se as colocará, então, em contato com o amor que está dentro delas. E elas precisam tomar a decisão de aceitar a si mesmas e de se amar a despeito de suas insuficiências. O amor-próprio saudável confere a medida certa também ao anseio delas por amor.

A força curativa do amor

A afirmação de que o amor cura e adoenta não vale só para o amor entre homem e mulher, nem só para o amor entre namorados e namoradas, mas também para o amor com que um terapeuta, um agente de pastoral ou um médico tratam seus pacientes. O amor é capaz de curar. O amor paira sobre todos os métodos que contribuem para a cura. É decisivo que o terapeuta trate o cliente com amor e benevolência. Preferimos falar hoje de empatia, da disposição de colocar-se no lugar do outro e sentir com ele.

Mas, a despeito de toda a empatia, devemos estar cientes de que o nosso amor também tem seus limites. O único amor ilimitado é o de Deus. Por isso, também nós, agentes de pastoral e terapeutas, devemos cuidar para não nos sobrecarregarmos. Não devemos pensar que a cura do outro depende só do nosso amor. Ele também precisa encontrar ressonância no outro. E faz parte da humildade do terapeuta reconhecer que não somos capazes de, como Deus, amar ilimitadamente, mas sempre só na medida de nossa capacidade. E isso simplesmente não é o bastante para quem é imensamente carente. Admitir isso é doloroso, mas também nos proporciona alívio, para que não fiquemos com a consciência pesada quando uma cura não é bem-sucedida.

Os contos já falam que o amor é capaz de transformar. Neles, uma pessoa que havia sido transformada em pedra volta à vida através do amor de outra pessoa. No conto intitulado *Os seis cisnes*, a irmã tece silenciosa e amorosamente camisas para seus seis irmãos que haviam sido transformados em cisnes por uma bruxa. Quando ela está para ser queimada na fogueira devido ao seu silêncio, os seis cisnes começam a sobrevoá-la. Ela joga sobre eles as camisas impregnadas de amor que havia tecido e eles voltam a tomar a forma humana; juntos, então, celebram a vitória do amor sobre toda a maldade.

No seu romance *Culpa e castigo*, Dostoiévski descreveu magistralmente como Sônia transforma o assassino Raskolnikov com seu amor. Dostoiévski antepôs ao seu romance a história da ressurreição de Lázaro. Com seu amor, Sônia consegue fazer voltar à vida o assassino que se havia sepultado sob a lápide de sua ideologia e de seu ódio. Cada um de nós já experimentou como o amor de outra pessoa revivifica em nós as coisas enrijecidas e mortas. Quando uma criança inocente como Sônia sorri para um homem velho e enrustido, este praticamente não tem como não lhe retribuir o sorriso. O amor límpido e inocente de uma criança provoca amor também nele. Porém, o fato de Sônia não recuar com medo da excessiva carência do assassino Raskolnikov mostra que o seu amor tinha ainda outro fundamento. Ela lê em voz alta para o seu companheiro o evangelho da ressurreição de Lázaro. Ela própria tem parte no amor de Jesus Cristo, que ressuscita os mortos com seu amor, que irradia um amor que atravessa a pedra e o coração empedernido e atrai o amor para fora da toca em que dormita.

Cada ser humano tem o anseio de amar e ser amado. O ser humano só se torna humano quando experimenta amor e se torna capaz de dar amor. Ao mesmo tempo, muitas pessoas se dão conta de que foram pouco amadas na vida. Elas adoecem por falta de amor. Por não terem sido amadas desinteressadamente quando crianças, por terem sido usadas para satisfazer as necessidades do pai e da mãe, elas padecem como adultos das feridas que lhes foram infligidas por seu pai ou sua mãe. Elas necessitam experimentar o amor paternal e maternal para recuperar a saúde. Seus pais e suas mães muitas vezes não podem mais lhes dar esse amor. Nesse caso, o agente de pastoral ou o terapeuta são requisitados. Eles cumprem o papel da "pós-paternalidade". Presenteiam com o amor curativo os que ficaram doentes por falta de amor.

A força curativa do amor espiritual

A carência de amor só pode por acaso ser curada pelo amor humano? Então os que não encontram uma pessoa que as ame não têm chance de cura? A cura pelo amor de outra pessoa é o caminho normal. Mas há também o caminho espiritual. Há experiências espirituais em que subitamente nos sentimos inteiros conosco mesmos. Sentimo-nos, então, impregnados de amor e envoltos em amor. Essa experiência espiritual do amor de Deus é capaz de curar nossas feridas mais profundas. No entanto, também nesse caso é preciso ter humildade. Em Deus sentimos que estamos unidos conosco mesmos. Porém, não podemos perpetuar essa experiência. No instante seguinte, voltamos a sentir nossa dissociação interior, nossa solidão, o sentimento de não sermos amados. Nessa hora, é preciso encarar isso, consentir a dor e até mesmo nos lastimar por ela.

No acompanhamento espiritual, deparo-me repetidamente com pessoas que não encaram nem lastimam a sua carência de amor. Elas se refugiam na espiritualidade e no amor divino. Fiz o acompanhamento de um homem que não lastimou seu déficit de amor maternal. Ele relatava experiências espirituais extraordinárias. Mas isso apenas fazia com que as pessoas se afastassem dele. Por não admitir que gostaria mesmo de ser amado, ele quis ser admirado. No entanto, a sua espiritualidade não curou realmente as feridas. Somente quando ele admite para si mesmo a ferida é que se torna possível transformá-la. E, passando pela ferida, chega ao fundamento de que é capaz de intuir o amor de Deus e, nesse amor, recupera de maneira nova a unidade consigo mesmo e com Deus.

Outra maneira de compensar com experiências espirituais os déficits de amor é aquilo que os norte-americanos chamam de "*spiritual bypassing*" – atalho espiritual. Há pessoas que não enfrentam a sua carência de amor ou sua incapacidade de amar, sublimando-as imediatamente com experiências espirituais. Elas não têm a humildade de encarar a sua carência de frente, preferindo devorar livros místicos. Estes podem perfeitamente ajudar a lidar com a carência de amor e a buscar um caminho até Deus. No entanto, há o risco de que elas não percebam ou não admitam a sua ferida ou a sua incapacidade de amar, mas acreditem que a experiência mística poderia sanar todos os seus problemas. Um psicólogo me contou que há clientes que se valem do entusiasmo pela mística da unidade para sublimar religiosamente a sua incapacidade relacional. Eles não lastimam sua incapacidade de relacionar-se, mas se refugiam em algo mais elevado, a fim de elevar-se acima dos demais. Esta, porém, não é a experiência do amor divino que transforma. Essa experiência aparentemente mística apenas leva para um mundo de aparência, do qual em algum momento eles despertam em total desespero.

Em contrapartida, deparo-me no acompanhamento com pessoas que não param de reclamar da falta de amor. Elas anseiam por uma pessoa com quem possam falar, que as tome nos braços e que as ame. No entanto, não posso prometer-lhes que encontrarão a pessoa que satisfará seu anseio. Eu não gostaria de livrá-las desse anseio. Elas podem perfeitamente continuar buscando. Porém, no caso de algumas delas, tenho a sensação de que, procedendo assim, eu lhes estaria fazendo falsas promessas. Porque, em suas carências, elas voltarão a se lançar sobre o primeiro que lhes mostrar um pouco de afeto. E logo recomeçará o drama de não serem amadas e de serem deixadas a sós.

Nesse caso, resta apenas enfrentar a própria solidão, encará-la de frente e, atravessando a solidão e a carência, chegar à fonte do amor que jorra do próprio coração. A despeito de toda a solidão, há em nós esse amor no qual podemos aquecer-nos. É o amor como poder, como dom da graça, como força divina, da qual fala Paulo. Justamente as nossas experiências dolorosas de falta de amor querem levar-nos até esse espaço interior, onde se encontra esse amor dentro de nós. E somente quando nos voltamos para essa fonte de amor infinito dentro de nós, a nossa carência pode, em última análise, ser curada. A carência certamente voltará a irromper dentro de nós, a solidão voltará a doer. Mas a dor, por sua vez, será capaz de romper o que nos separa do fundo da nossa própria alma, no qual flui o amor divino.

É possível sentir na aura irradiada se a experiência espiritual do amor é autêntica ou não. Quem faz a experiência espiritual do amor fala dela com ponderação e cautela. Quem fala com demasiada euforia do amor pode até estar ansiando por ele, mas geralmente ainda não o vivenciou de fato. Apenas sentiu algo desse amor, mas se refugia nas sensações eufóricas para evitar a dor de ficar só. Sua maneira de falar do amor muitas vezes deixa em nós um ressaibo contraditório. Gostaríamos muito de acreditar que o que diz é verdadeiro. Ao mesmo tempo, porém, temos a sensação de que está iludindo-se.

Quem experimentou em si mesmo o amor do qual fala Paulo, irradia-o não mediante um permanente sorriso gentil, mas sim por meio de um brilho em seu olhar, de uma luminosidade que se desprende do rosto marcado pela dor. É um amor silente, mas que nos faz bem. Sentimos que está diante de nós uma pessoa que experimentou uma dor profunda por causa da falta de amor, mas, atravessando toda a dor, conseguiu entrar em contato com amor que é mais forte do que todo o amor humano.

Lugares para a experiência do amor

Experimentamos o amor não só como amor entre homem e mulher. Há muitos lugares onde nos deparamos com o amor. Para muitos, o matrimônio é o lugar onde experimentam o amor em sua maior profundidade, para outros é a amizade, a amizade entre mulheres ou entre homens, ou então a amizade entre homem e mulher. Os sucessos musicais falam sobretudo do estar apaixonado para decantar o mistério do amor. Mas as conversas com um grande número de pessoas também me mostraram que ainda há muitos outros lugares onde se pode entrar em contato com o amor que flui no fundo da nossa alma: alguns nada têm a ver com a relação com outra pessoa. Há quem sinta esse amor em uma igreja ou em um culto divino. O amor repentinamente dirige a palavra a essas pessoas por meio da leitura que ouvem. Ou há pessoas que sentem o amor quando cantam os antigos hinos sacros, ou quando ouvem o canto do coral. Para Santo Agostinho, o canto é um lugar importante de experiência do amor. É dele o famoso dito: "*cantare amantis est* – quem ama canta ou cantar é coisa de quem ama. Só quem ama é capaz de cantar". Invertendo a frase, pode-se entendê-la também no sentido de que o cantar gera amor.

Outros experimentam esse amor na natureza. Na beleza das flores, na profusão da vida que floresce na primavera, que jorra ao encontro deles o amor que não conseguem nomear. Nosso abade Fidélis contou de sua visita ao Peru. Os índios lhe teriam ensinado que o amor flui para nós de uma árvore; para isso, precisaríamos apenas nos parar bem receptivos e atentos à sombra da árvore. No começo ele ficou cético, mas depois experimentou. E disse que de fato sentiu um amor que só poderia chamar de divino. Certa mulher confirmou-me essa experiência após uma palestra. Na natureza, ela se sentia com frequência envolta e impregnada de amor. Deus nos abraça por intermédio de sua criação. Nela o amor flui ao nosso encontro. Outros experimentam esse amor através de um animal, como, por exemplo, de seu cachorro ou de uma ovelha que acariciam. Deparamo-nos com o amor em toda parte. Precisamos apenas de abertura para deixá-lo entrar.

Há muitas outras vias para experimentar a força curativa do amor. Para muitos, é a música. Quando ouço a música de Mozart, simplesmente percebo o amor que ele converteu em tons musicais. E nesse tocante não faz diferença para mim se estou ouvindo suas óperas, sua música sacra, suas sinfonias ou os concertos para violino, piano ou clarinete. As árias da condessa em *As bodas de Fígaro* expressam um amor cheio de anseio e tensão. Ao escutar essas árias, entro em contato com meu próprio anseio por amor e com todos os sentimentos e estados de ânimo que o amor suscita em mim. Nessa música, transparece algo de um amor que é mais do que duas pessoas sendo arrastadas de um lado para outro.

Mozart não conjura o amor puro, mas em sua música se ouve o mistério do amor, enquanto somos enfeitiçados e feridos pelo amor. Assim, quem se queixa de não sentir amor dentro de si porque esta ou aquela pessoa não o ama mais, que ouça uma ópera de Mozart. Ele recuperará sua fé no amor. Mais: ele sentirá o amor dentro de si. E esse amor que sente em seu coração não lhe poderá ser tirado, nem mesmo por decepções ou recusas de amor. Mozart não refletiu sobre o amor. Ele o captou intuitivamente e o tornou audível em sua música. Nas árias da ópera, trata-se de um amor puramente humano. Porém, este já está sempre envolto pelo poder do amor como tal, no qual o amor humano e o amor divino são uma coisa só. Por mais humano que seja o amor, nele ainda transparece algo do mistério do amor divino.

Outros vivenciam o amor na arte. Henry Nouwen lembra o seu conterrâneo Vincent van Gogh. Em toda a sua vida este não pôde experimentar o amor de uma mulher. Porém, deixou fluir para os seus quadros o amor que sentia dentro de si. Quando hoje nos detemos diante de seus quadros e acolhemos em nós a calidez dos girassóis amarelos, sentimos o amor que ele pôs nesses quadros. E para algumas pessoas essa é a maneira de entrar em contato com o amor em seu próprio coração. Outro vislumbra esse amor nos quadros de Fra Angélico. Não é sem razão que o pintor é chamado de anjo. Em seus quadros há algo tão puro e claro, algo tão cheio de amor, que conseguimos acolher o amor em nós pela simples contemplação dos mesmos.

Experiências gratificantes e lesivas de amor

O amor pode ser tão gratificante quanto muitas vezes lesivo. Sentimos amor por uma pessoa e fomos correspondidos. Porém, de repente o amor se torna frágil. O outro volta sua atenção para alguém mais jovem. É o que basta para que nos sintamos lesados, usados, explorados, traídos. Porém, nem mesmo essa experiência lesiva é capaz de extinguir o anseio por amar e ser amado. Ao contrário, depois disso, cresce ainda mais o nosso anseio por um amor sólido sobre o qual possamos construir. Numerosos sucessos musicais giram em torno desse motivo. É um tema antiquíssimo, mas sempre atual. Ansiamos por um amor que nos preencha para sempre. No entanto, é evidente que o amor que experimentamos com alguém sempre nos remete para além de si mesmo, para um amor maior, para um amor permanente, eterno, em última análise, um amor divino.

Quando ouvimos a palavra "amor", muitos de nós pensamos estar apaixonados. Quando em anos mais tenros nos apaixonamos por uma mulher ou por um homem, foi como se estivéssemos nas nuvens. Tudo em nós ganhou vida. Era como se estivéssemos enfeitiçados. O amor fazia com que não parássemos de pensar na pessoa amada. Sua proximidade era para nós como um elixir vital. Nós florescemos. Sentimo-nos felizes. O apaixonar-se está no início de todo grande amor. No entanto, o apaixonar-se deve converter-se em amor. Nesse estado de paixão, muitas vezes estamos apaixonados – como dizem os psicólogos – pela nossa autoimagem projetada no outro. Precisamos aprender a ver o outro como ele realmente é, sem transfiguração idealista, amando-o e aceitando-o como ele é e em sua maneira diferente de ser. Então, o outro também se converterá em espelho para nós mesmos. E no amor pelo outro também aprendemos aos poucos a nos amar como somos, e não a amar apenas a autoimagem idealizada que temos de nós mesmos.

Com frequência nos apaixonamos também depois de longo tempo casados ou depois de já termos decidido há muito viver solteiros. Mesmo que estejamos em um casamento feliz, encontramos outro homem ou outra mulher. Olhamos para ela ou ele e sentimos: é amor à primeira vista. Quando isso acontece, muitos de nós ficamos com medo de estragar o nosso casamento. Não há remédio contra o apaixonar-se. O decisivo é que consigamos lidar responsavelmente com isso, que consigamos harmonizar a experiência do apaixonar-se com o projeto de vida que traçamos até ali. Não podemos erradicar de nós o "apaixonamento". Mas isso também pode ser um aviso para vivermos mais conscientemente aqueles sentimentos e anseios de nossa alma que deixaram a desejar em nosso casamento ou em nossa vida de solteiros, inserindo-os nesses contextos.

Quando nos apaixonamos por um homem ou por uma mulher, novamente nos sentimos capazes de amar. Sentimos em nós um amor profundo. Esse amor está dentro de nós. Ele é provocado pelo outro, mas não deixa de ser o nosso amor. Quando isso acontece, muitos tornam-se dependentes do outro e entram em turbulência com seu projeto de vida vivido até ali. C. G. Jung pensa que se apaixonar sempre tem a ver com projeção. Apaixonamo-nos por uma pessoa que vive algo que também está em nós, mas que até aquele momento concretizamos muito pouco. É por isso que o apaixonar-se é sempre um desafio para nós no sentido de vivermos o que até ali negligenciamos. O outro fez com que isso emergisse, mas não depende dele. Se nos sentimos vivos somente quando a pessoa amada está presente, tornamo-nos dependentes. E essa dependência atenta, no fundo, contra a nossa dignidade. Quanto mais realizamos em nós o que o outro estimula em nós, tanto menos dependentes nos tornamos. É permitido a nós perceber o outro com gratidão. É permitido sentir o nosso "apaixonamento" sem medo de ter de deixar a pessoa com a qual estamos ligados pelos laços do amor. O apaixonar-se é um modo de desenvolver aos poucos a riqueza da nossa própria alma.

Certa mulher que criava sozinha quatro crianças me contou que estava apaixonada por um músico. Ele, no entanto, feria constantemente seu sentimento, porque mantinha relações com outras mulheres. Ele a explorava. Sempre que precisava de dinheiro, chegava todo galante e lhe fazia todo tipo de promessas. Suas amigas teriam insistido com ela para que finalmente deixasse esse homem porque ele nem mereceria o seu amor. Ela apenas se prejudicaria com esse amor. No entanto, embora compreendendo racionalmente que a relação não lhe fazia bem, ela não conseguia arrancar o amor de dentro de si. Nem era sua tarefa expulsá-lo de si. Ela deveria, antes, perguntar-se o que a atraia no outro, o que a fascinava dessa maneira. Quando perguntei isso, ela respondeu que é a leveza do ser. Passamos, então, a refletir juntos como ela poderia vivenciar mais em si mesma essa leveza do ser. Havia nela um anseio por permitir essa leveza. Mas devido ao volume de trabalho não conseguira encontrar uma maneira. No entanto, a experiência de apaixonar-se a levou a conseguir encontrar e cultivar dentro de si o aspecto da leveza. E aos poucos ela foi tornando-se independente desse homem. Não foi um desligamento violento, mas um caminhar, no qual ela experimentou a si mesma com suas novas possibilidades e se enriqueceu interiormente. Por não estar mais tão carente, mas viver por si mesma, deixou de ser dependente.

A arte de amar

Poucos livros sobre o amor foram tão difundidos quanto *A arte de amar*, do psicanalista Erich Fromm. Evidentemente muitas pessoas sentiram a necessidade de aprender a arte de amar verdadeiramente em suas experiências positivas e negativas, encantadoras e lesivas do amor. Para Erich Fromm trata-se de uma arte. O amor não nos sobrevém simplesmente. O modo como amamos também depende de nós. E, para ele, o amor requer primeiro o desenvolvimento de uma personalidade própria e, segundo, a disposição de entregar-se, de desprender-se de si mesmo e de envolver-se com o outro. Erich Fromm não entende o amor simplesmente como algo que nos sucede quando nos apaixonamos por uma pessoa. Para ele, o amor é antes uma capacidade que também requer a atividade do ser humano.

Ele descreve as diferentes formas do amor e os perigos a que se está exposto. Começando pelo amor ao próximo, que em última análise sempre se aplica a todas as pessoas, prossegue com o amor paternal e maternal e termina tratando do amor erótico. O amor erótico também pode converter-se em um egoísmo a dois, caso fique restrito ao outro. Através do amor concreto por uma pessoa pela qual nos sentimos atraídos, despertará também e sempre em nós um sentimento fundamental de amor por tudo o que existe. Erich Fromm fala do amor-próprio, que foi encarado também por Sigmund Freud como algo negativo. Jesus nos conclama ao amor-próprio como condição para amar o outro verdadeiramente. E Fromm também fala do amor a Deus. Há o amor infantil a Deus, que identifica Deus com a mãe ou com o pai. E há a forma madura do amor a Deus, como descrita sobretudo pela mística: como união com o Deus sem nome que é amor em si mesmo.

Erich Fromm recusa-se a nos dar conselhos baratos que garantiriam o êxito na arte de amar. Toda arte precisa ser praticada. E os pressupostos de toda arte são quatro: disciplina, concentração, paciência e convicção da importância dessa arte. Só obtemos êxito na arte do amor quando superamos nosso próprio narcisismo e, em consequência, nos abrimos para o mistério do outro. Mas Fromm menciona ainda outro pressuposto da arte de amar: a fé. Ele não tem em mente, em primeira linha, a fé em Deus, mas a fé no bem que há no outro e a fé em nós mesmos e em nossa própria capacidade de amar. Para ele, ter fé em outra pessoa significa "estar certo de que ela merece confiança, da imutabilidade das suas atitudes fundamentais, do núcleo de sua personalidade, de seu amor" (Fromm, 135).[1] Acreditamos nas possibilidades que há no outro e que podem ser despertadas pelo amor. Essa fé no outro requer também coragem. Em nós há não só o medo de não sermos amados, mas também o temor gerado pelo amor: de no amor deixarmos de controlar e entregar-nos ao outro.

> Amar significa entregar-nos sem garantia, dar-nos completamente na esperança de que o nosso amor produzirá amor na pessoa amada. Amar é um ato de fé, e quem tiver mesquinha fé terá também mesquinho amor (Fromm, 140).*

Ao desdobrar o tema da arte de amar, Erich Fromm confirma a ideia de São Paulo de que amor e fé estão associados, que o amor em tudo crê.

O anseio de amar e ser amado

Para mim, tornou-se importante uma outra via psicológica de chegar ao amor. Toda pessoa – é o que nos dizem unânimes os filósofos e os psicólogos – anseia por amar e ser amada. E cada uma passa pela experiência ao mesmo tempo gratificante e decepcionante de amar e ser amada. O amor pode encantar o ser

---

[1] N.T.: Trad. em port. de Milton Amado, em: FROMM, E. *A arte de amar*. Belo Horizonte: Itatiaia, 1985. Citações às p. 159 e 164.

humano e pode feri-lo, caso não seja correspondido da maneira como ele espera. O propósito do nosso anseio por amor não é que um dia chegue alguém que nos ame de tal modo que estejamos saciados para sempre. O amor humano jamais nos poderá saciar totalmente. Tanto a sensação de estarmos cheios de amor quanto a decepção que bastantes vezes vivenciamos querem tornar-nos receptivos a um amor maior do que o amor interpessoal. O propósito das experiências plenificantes e decepcionantes com o amor é que nos tornemos amor, que experimentemos o amor como uma qualidade que molda toda a nossa existência, como uma fonte que jorra dentro de nós.

Certa mulher contou que, durante um passeio a pé, de repente teve a sensação de ser só amor. Não de estar amando uma determinada pessoa, mas de ser amor. O amor que estava nela fluía para tudo o que a envolvia. Ele enchia seu corpo e fez com que ela o sentisse de maneira nova. Ela irradiava benevolência para com tudo, para com a natureza em volta dela, para com as pessoas que vinham ao seu encontro. Ela sentiu um sabor agradável dentro de si, o sabor do amor. Outra mulher pôde fazer essa experiência durante a meditação. Ela sentiu subitamente que toda a sala onde ela meditava estava repleta de amor. Ela mesma era amor, e tudo em volta dela era amor. Isso transformou a percepção que tinha de si mesma e a percepção que tinha do mundo à sua volta.

Dizemos às vezes a respeito de homens e mulheres idosos que o seu rosto emana amor. Muitas vezes é um rosto marcado pela dor. Porém, através de todas as rugas, rebrilha o amor. Ou temos a sensação de que das mãos desses idosos flui amor. Quando estive certa vez no Monte Atos, um velho padre hospedeiro me saudou. Não conseguimos comunicar-nos em nenhuma língua, mas o seu aperto de mão transmitiu amor. Mais: foi uma experiência como se suas mãos fossem amor. Ele havia se tornado amor. O amor fluía de tudo o que ele era. Conta-se a respeito de um rabino judeu que as pessoas não iam até ele para ouvir seus ensinamentos, mas apenas para assistir como ele amarrava os cadarços dos sapatos. No modo amoroso com que ele amarrava os cadarços dos sapatos reconhecia-se que ele era um homem espiritual, que ele era amor por inteiro.

Quem faz essa experiência de ser amor faz, em última análise, uma experiência espiritual. Não temos como perpetuar essa experiência, mas às vezes ela nos sobrevém. Quando isso acontece, ficamos interiormente cheios de felicidade. Intuímos o que João diz na sua primeira carta: "Deus é o amor, e quem permanece no amor permanece em Deus, e Deus permanece nele" (1Jo 4,16). Em última análise, experimentamos o próprio Deus, o fundamento originário e a fonte de todo o amor.

O propósito de todas as experiências satisfatórias e lesivas com o amor, de todo encantamento e de toda decepção com o amor, é fazer com que cheguemos a essa fonte do amor, que independe de que alguém nos esteja amando agora mesmo ou de estarmos apaixonados por alguém. Saber disso nos liberta da constante queixa de que experimentamos muito pouco amor, de que não conseguimos viver direito porque nosso anseio por amor não foi saciado. O anseio por amor é despertado em nós pela satisfação e pela decepção. No acompanhamento, presencio que muitos sofrem por terem sido pouco amados. Levo a sua dor a sério, mas os remeto também ao seu anseio por amor. Esse anseio está dentro deles. Ninguém poderá tirá-lo deles. Antoine de Saint-Exupéry disse certa vez: no anseio por amor já está o amor. Cada um de nós anseia por amor. E nesse anseio já sentimos o amor, o amor por outra pessoa, mas também o amor que somos. Há os que se sentem extremamente infelizes porque a pessoa que eles amam não corresponde ao seu amor. Também nesse caso remeto os que buscam conselhos para o anseio por amor que está dentro deles e no qual já há amor de fato. Se eles desfrutarem esse amor, sua vida se transformará. Nesse caso, talvez possam fazer a experiência gratificante de que, em última análise, não depende de que este ou aquele os ame, mas de que eles sejam amor. No amor estão em Deus. Quando isso acontece, chegam à fonte que fecunda e cura suas vidas.

Certa mulher contou-me que, após a morte de seu marido, encontrou cartas que levavam a crer que ele tivera um caso com outra mulher. Naturalmente isso representou uma ofensa profunda para ela. A esposa não o julgava capaz de fazer isso. Mas ela sentiu que não queria simplesmente ficar amargurada. Ela não colocaria em dúvida todo o seu matrimônio por causa disso e nem se separaria da sua experiência com o amor. No diálogo, ficou claro para ela que, apesar disso, havia amado esse homem. E, passando por todas as experiências gratificantes e lesivas, ela entrou em contato com a fonte do amor que havia nela. Esse amor ninguém lhe poderia tomar, nem mesmo o caso do seu marido. Essa foi sua maneira de chegar ao amor como a força divina em sua alma. Ela teria preferido uma outra maneira, mas essa foi a que se apresentou. Atravessando a dor e a lamentação decorrente da ofensa, ela acabou alcançando a paz interior, pois sentiu que esse amor lhe pertencia e proporcionava à sua vida um sabor divino. Em vez de ficar constantemente fantasiando em torno desse caso que seu falecido marido tivera, ela se voltava para o fundo de sua própria alma sempre que o episódio lhe vinha à cabeça. Não se tratava de nenhuma fuga da decepção, mas de um caminho de cura e transformação. E é nisso que consiste para mim, em última análise, a função terapêutica do amor, como Paulo a descreveu para nós.

Todas as experiências com o amor, por mais lesivas e decepcionantes que sejam, querem levar-nos até esse amor divino que há em nós. Ele não é frágil. Podemos confiar nele. Ocorre que poucas vezes conseguimos senti-lo, mas tanto através das experiências encantadoras com o amor por uma pessoa, pelas quais somos gratos, quanto através das experiências decepcionantes que nos causam dor, podemos intuir algo desse amor que há em nós e que proporciona à nossa vida um sabor divino. Necessitamos das experiências humanas com o amor para sentir o amor divino. Não se trata de evitar as experiências humanas com o amor por serem demasiado perigosas, porque poderíamos machucar-nos. Quem quiser pular a dimensão humana do amor para abrigar-se unicamente no amor divino certamente naufragará. No entanto, para aquele que, em todas as experiências, buscar o fundamento do amor que está presente em todo o amor humano como dimensão profunda deste, a experiência do amor será sempre um caminho terapêutico e, no fundo, também um caminho místico, que o levará a se aprofundar cada vez mais na experiência de Deus, na experiência do mistério do amor indizível e incompreensível de Deus.

5
O hino ao amor e as experiências no aconselhamento matrimonial

No início, mencionei ter ouvido com frequência sermões sobre o capítulo 13 da *Primeira Carta aos Coríntios* em cerimônias de casamento, exaltando o amor do matrimônio nos tons mais excelsos. Várias vezes senti que essas pregações dirigidas aos noivos adotavam um tom demasiadamente romântico: bom demais para ser verdade. Quando ofereço diálogos a participantes de cursos, em muitos deles, os problemas do amor são o tema central. Aqui há dificuldades na relação com a mulher ou com o homem, ou com as crianças. Ali homens se dão conta de que, mesmo aos 65 anos de idade, ainda sentem muito ciúme. Isso os incomoda, mas eles não conseguem libertar-se. Lá uma mulher conta que não consegue mais aturar o seu marido. Tantas são as ofensas acumuladas que ela se fecha cada vez mais para o seu marido. E por fim o seu próprio corpo assume a rejeição do homem que a ofendeu tantas vezes. Ela não consegue mais dormir com ele, porque o seu corpo se rebela contra ele. Não sou um conselheiro matrimonial formado. Só posso recorrer às experiências que fiz em diálogos sobre problemas de relacionamento e às leituras de livros sobre aconselhamento matrimonial. Sei, de conversas que mantive com conselheiros matrimoniais, que não é fácil trabalhar com casais.

Muitas vezes apenas um dos cônjuges deseja o aconselhamento matrimonial, ao passo que o outro acha que está tudo em ordem. O homem só acompanha para satisfazer a mulher, mas não se envolve de fato no diálogo. No caso de outros casais, a situação está tão intrincada que praticamente não conseguem mais dialogar racionalmente um com o outro. Ou as feridas são tão profundas que têm dificuldades em acreditar nas juras de amor que vêm do parceiro.

Grande parte dos homens e das mulheres que participam dos cursos são separados. Eles falam que o seu casamento fracassou. Que tentaram salvar o casamento, mas que em algum momento não deu mais. Ou que lutaram em vão, porque o homem ou a mulher simplesmente acabou saindo de casa para se juntar com outra mulher ou outro homem. Eles não tiveram nenhuma chance em seus esforços. Outros contaram que o fracasso do matrimônio os tirou dos trilhos. Que haviam posto toda a sua esperança no êxito do matrimônio e dado tudo para que fosse bem-sucedido. E ainda assim ele se havia rompido.

O que devo dizer sobre o amor a esses homens e mulheres que sofrem por causa do amor ou que falharam no amor? Diante disso, uma meditação sobre as palavras de Paulo aos coríntios não seria refugiar-se no romantismo? Muitas vezes não se trata do grande amor, mas das coisas do dia-a-dia que parecem banais. Trata-se da incapacidade de comunicação, de dizer ao outro com boas maneiras o que está incomodando e o que é motivo de alegria. Trata-se de problemas sexuais, da diluição dos sentimentos. De tanto ficar em função das crianças e de se preocupar com elas, a relação com o parceiro deixa a desejar. O amor de alguma forma ainda está aí. Porém, às vezes se tem a impressão de que ele já escapou pelo ralo. De tantos atritos cotidianos, ele se desgastou e escapou de suas mãos. De que adiantam para essas experiências cotidianas as grandes palavras do canto maior ao amor?

Quando os cônjuges não conseguem mais se acertar com o seu amor, eles procuram o aconselhamento matrimonial e depositam toda as suas esperanças no auxílio do conselheiro matrimonial ou da psicóloga, no sentido de ajudá-los a recuperar e reacender o amor original. No entanto, com frequência eles chegam muito tarde ao aconselhamento, ou seja, quando o conflito não tem mais conserto. Os conselheiros matrimoniais aprenderam o seu ofício para lidar com cônjuges cujo amor entrou em crise. Eles prestam atenção na maneira como falam um com o outro, se operam apenas com recriminações ou se conseguem ouvir um ao outro e tentam entender-se. Eles trazem à consciência dos parceiros como estão falando um com o outro. E lhes mostram maneiras de comunicar-se melhor um com o outro, sem fazer recriminações ou emitir juízos sobre seus atos ou suas palavras. Aprender formas saudáveis de diálogo com certeza representa uma grande ajuda para que cônjuges possam continuar a conviver bem um com o outro.

Até agora me limitei a descrever o capítulo 13 da *Primeira Carta aos Coríntios* como poder do amor que existe independentemente do desdobramento concreto desse amor no ser humano. No entanto, certamente esse texto também oferece ajuda para cônjuges que querem aprofundar o amor um pelo outro e vivê-lo concretamente em seu cotidiano. Todavia, devemos precaver-nos de apresentar as declarações de São Paulo em termos demasiado idealistas, senão a única coisa que comunicaremos aos cônjuges será uma consciência pesada. Eles terão a impressão de que com boa vontade deveriam conseguir manter o seu amor em pé. As palavras da Bíblia devem, antes, ser transpostas de maneira clara e inequívoca para o cotidiano matrimonial. Só assim constituirão uma maneira proveitosa de mostrar como o amor pode ser bem-sucedido no matrimônio sem provocar sentimentos de culpa.

Gostaria de apontar apenas alguns passos concretos de como as palavras de São Paulo podem trazer resultados para o amor conjugal. Ao fazer isso, tenho em mente a situação do diálogo de aconselhamento. Os cônjuges vêm isoladamente ou juntos para o diálogo e falam de seus problemas de relacionamento. As palavras de São Paulo não são um emplastro piedoso que posso colar em cima das suas dificuldades de convivência. Um emplastro só escamotearia os problemas. Eles precisam ser encarados com toda a humildade. Nisso ajuda a frase: "O amor não se vangloria". Quem fala honestamente sobre o amor com o seu parceiro nem pensa em se vangloriar. Essa pessoa tampouco precisa idealizar o amor. Ela pode falar sobriamente sobre o presente, que é o amor que ambos reiteradamente experimentam, mas também sobre a jornada penosa que é sustentar e manter esse amor desperto no cotidiano. Somente quando encarar o seu amor com honestidade, vislumbrará um modo de vivê-lo que signifique uma dádiva recíproca.

"O amor não se vangloria" significa ainda outra coisa para mim. Deparo-me repetidamente com homens que se casam com mulheres das quais esperam que os admirem: gabam diante delas as suas capacidades e proezas. Mas, assim que as esposas os criticam, procuram rapidamente uma nova parceira que os venere e admire. Para eles, é um processo doloroso enfrentarem mulheres que emitem sobre eles um juízo crítico, que descobrem seus aspectos sombrios e lhes mostram onde estão seus pontos fracos e como estão iludindo a eles e aos outros. Porém, é justamente disso que muitas vezes se trata nos diálogos: que os parceiros aprendam a se encontrar no mesmo nível e assim se estimular reciprocamente, em vez de ficarem admirando um ao outro.

O conselheiro matrimonial Hans Jellouschek pensa que hoje o matrimônio é ameaçado sobretudo por concepções neorromânticas. Há a concepção de que o matrimônio é um evento que promove a felicidade, que nele devemos sempre nos sentir felizes. A essa concepção – que corresponde ao "vangloriar-se" –, ele contrapõe a imagem do matrimônio como um trajeto experimental. É um trajeto experimental, no qual aprendemos a nos aceitar e amar mutuamente. Nesse trajeto, sempre experimentaremos também a felicidade. Mas às vezes também experimentamos o lado penoso desse trajeto. Somente quem não tem receio de arrostar as dificuldades desse trajeto experimentará sempre grato o êxito do amor.

Outra concepção neorromântica é a de que a sexualidade satisfaz nosso anseio mais profundo por unidade. Jellouschek pensa que com isso se espera demais da sexualidade. Mesmo que a união sexual de homem e mulher seja profundamente gratificante, ela não satisfaz nosso anseio mais profundo; pelo contrário, ela sempre desperta anseios novos. Na sexualidade, sempre há também um potencial de transcendência. O amor sexual entre homem e mulher só será vivenciado de modo satisfatório para ambos se estiver aberto para a transcendência, para o êxtase que leva para dentro de Deus. Cônjuges que negligenciam a sexualidade ficam insatisfeitos. Porém, cônjuges que se fixam na sexualidade ficarão igualmente decepcionados. É preciso que haja um bom estilo de vida que dê sustentação à sexualidade vivida e lhe proporcione uma moldura mais ampla. E é preciso que haja criatividade e, em última análise, abertura para Deus, para que não sobrecarreguemos a sexualidade com expectativas, mas possamos desfrutá-la com gratidão.

Quando cônjuges falam sobre as dificuldades em seu convívio, sempre remeto ao fôlego comprido do qual fala São Paulo. No matrimônio há fases em que os parceiros se estranham. Um matrimônio se nutre de um bom equilíbrio entre proximidade e distância. Se percebemos certo distanciamento em relação ao nosso parceiro ou à nossa parceira, isso não significa logo que estamos pulando fora do matrimônio. Nesse caso, é preciso que haja o fôlego comprido que deixa ao outro espaço para continuar a se desenvolver. E nós mesmos necessitamos desse espaço para fazer algo por nós. Quando os diálogos mútuos não resultam em nada, sempre recomendo que cada um use essa fase para fazer algo por si mesmo, para promover seu próprio desenvolvimento. Talvez o parceiro volte a ficar interessado em nós depois que tivermos feito algo por nós, depois que tivermos evoluído um pouco mais. Em vez de ficarmos atritando-nos no acanhamento do outro, que procuremos sentir a nossa própria amplitude. Quanto mais amplos nos tornamos, tanto menos nos incomoda o acanhamento do outro. Nossa amplitude inclusive é um convite ao outro para ir alargando-se aos poucos. Porém, para isso é preciso ter muita paciência. E é preciso que haja a esperança, ou seja, é preciso esperar aquilo que ainda não vemos, é preciso não desistir de ter esperança no outro, mas ter confiança de que o bem desabrochará nele.

Muitos cônjuges, sobretudo mulheres, sobrecarregaram-se com a frase “o amor não procura tirar vantagem”. Eles tinham a ideia de que jamais deveriam pensar em si mesmos, que sempre deveriam estar disponíveis para o outro e cuidar para que o outro se sinta bem. No entanto, quando interpretamos unilateralmente essas palavras de São Paulo, ignoramos as nossas próprias necessidades. E em algum momento as necessidades reprimidas se manifestarão. Quanto mais elas tiverem sido reprimidas, tanto mais claramente se manifestarão. Quando isso acontece, muitas vezes não encontramos uma maneira de coadunar a dedicação ao outro com a satisfação das próprias necessidades. Então deixamos de lado a dedicação e passamos a satisfazer somente nossas próprias necessidades. Recolhemo-nos para dentro de nós mesmos e passamos a girar em torno de nós mesmos e em torno daquilo que nos faz bem. Desse modo, porém, prejudicamos a nós mesmos. No matrimônio é importante praticar a dedicação ao outro e ao mesmo tempo dar atenção às próprias necessidades, é importante assumir a responsabilidade pela família, mas também por si mesmo.

Lorenz Wachinger é bem realista ao descrever esse "toma-lá-dá-cá" de modo que não sobrecarregue os cônjuges, mas os capacite a acolher-se mutuamente. Para ele, dar algo significa sempre também que morre dentro de nós algo a que nós nos agarramos:

> Ilusões secreta e obstinadamente acalentadas acerca de si mesmo e do parceiro morrem assim que passa o primeiro "apaixonamento"; aquele eu juvenil que se acha tão grandioso e digno de admiração vai morrendo aos poucos, dando lugar ao um eu mais profundo, que reconhece também o eu do parceiro; o próprio amor, aquele fogo flamejante do início, não pode continuar assim – ele morre e se renova (Wachinger, p. 165).[2]

Não se trata de nos sacrificar pelo outro, pois quando nos sacrificamos pelo outro nem nos damos conta de quanta agressividade está implicada nesse ato. Em algum momento, o sacrifício se converte em cobrança para o outro. Ele deve retribuir-nos

---

[2] WACHINGER, Lorenz. *Ehe.* Einander lieben – einander lassen, München, 1986.

à altura, dando tudo por nós e importando-se sempre conosco. Em contraposição, entrega significa desprender-se reiteradamente das próprias concepções de amor e envolver-se com o outro assim como ele é.

Outro auxílio que contribui para o êxito do amor é indicado por: "O amor não guarda rancor". Com frequência matrimônios fracassam porque um joga no outro a culpa pelo insucesso do amor. O outro não tem tempo. Ele não tem sensibilidade para as nossas necessidades. Ele é frio e inacessível, não se importa consoco nem com nossos sentimentos. "Culpar um ao outro, jogar no outro a culpa pelas decepções, é um dos 'jogos' mais frequentes que cônjuges brigados fazem um com o outro" (Wachinger, *Ehe*, p. 133). Em vez de jogarmos a culpa no outro ou nos sentirmos culpados de tudo, Wachinger defende uma terceira via:

> Aprender a reconhecer e assumir a responsabilidade por ter dito ou feito ou por não ter dito ou feito algo que não pode mais ser desdito ou desfeito, por estar em dívida com meu parceiro ou com o outro, ou comigo mesmo. Minha identidade depende de que eu não descarte e esqueça pura e simplesmente o que fiz de errado no passado; se eu assumir a mim mesmo como aquele que fui, os outros, o meu parceiro poderá assumir-me como aquele que sou e como aquele que quero e posso vir a ser (Wachinger, *Ehe*, p. 133).

Presencio com frequência como um cônjuge joga a culpa no outro. O marido é culpado por viverem vidas paralelas. Porque ele não tem tempo. Ele volta cansado do trabalho e não tem vontade de travar um diálogo mais profundo. Assim, não se tem nada além de conversas superficiais. Ou a esposa é culpada de não serem satisfeitas as necessidades do marido ou de não ter uma relação mais intensa. Ela está tão fixada nas crianças que o marido fica no prejuízo. Ainda mais explícitas são as atribuições de culpa quando um dos parceiros se apaixonou.

Certa mulher contou-me que havia falado honestamente para o seu marido que sentia algo pelo seu médico, ou melhor, que havia se apaixonado. Ela não teria vivido concretamente essa paixão, mas apenas falado de seus sentimentos. O marido ficou tão ofendido com isso que se separou da mulher. E ele o fez com a acusação de que ela era a culpada pelo fracasso do matrimônio. Certo homem contou que conhecera uma mulher numa viagem ao exterior e tivera uma relação sexual com ela. Porém, estava claro para ele que isso não levaria a lugar nenhum. Ele quis confessar o fato à sua esposa para poder voltar a dirigir-se a ela honestamente. A esposa, no entanto, obrigou-o a assumir o papel de penitente para sempre. Reiteradamente ela lhe atirava isso na cara. A relação se tornou insuportável. Sempre que o marido dizia algo que não agradava à esposa, esta reagia com a recriminação: "Você não tem nenhum direito de falar assim depois do que fez". Esse tipo de apuração calculista da culpa destrói a relação.

Só podemos falar abertamente sobre a nossa culpa se o outro não explorar isso nem ficar o tempo todo nos impingindo sentimentos de culpa. Se isso acontecer, os sentimentos de culpa se convertem em um atoleiro que nos imobiliza. Não podemos mais respirar nem seguir livremente o nosso caminho. É importante encontrar uma possibilidade de lidar com os pequenos erros do dia-a-dia e com a culpa de termos ferido profundamente o outro. Ao fazer isso, não deveríamos encobrir essas falhas piedosamente ou desculpá-las imediatamente. Isso não traz a paz. Porém, tampouco adianta culpar a nós mesmos ou o outro. É preciso examinar o erro. Como pôde acontecer isso? A culpa deveria levar a uma postura de humildade.

Ninguém pode dar garantias de si mesmo. No convívio, sempre toparemos também com nossos limites. Descobriremos aspectos que jamais teríamos imaginado que estivessem dentro de nós. Examinar isso com toda humildade, sem nos flagelar com sentimentos de culpa e sem colocar o outro no papel de penitente, constitui um processo doloroso. Porém, precisamos passar pela dor para que algo novo possa surgir. Devemos lastimar o que fizemos de errado. Somente assim será possível um novo começo. Devemos despedir-nos das ilusões que acalentamos sobre nós mesmos ou sobre o outro e olhar para nós e para o outro de modo realista, mas ao mesmo tempo com um olhar meigo e benevolente. E devemos sentir o quanto machucamos o outro, perceber e levar a sério a dor do outro. Somente assim a culpa poderá transformar-se numa culpa venturosa e converter-se num novo começo.

A palavra sobre o amor que tudo suporta foi interpretada com frequência num sentido passivo. "Temos de aceitar o outro do jeito que ele é. Não podemos mudá-lo. Temos de suportar suas debilidades. É só o que nos resta." Todavia, uma compreensão tão passiva da palavra de Paulo produz tão-somente resignação e depressão. O amor sempre confia que o outro seja capaz de algo. É verdade que o aceita como é, mas sempre espera que o bem desabroche dentro dele.

No convívio matrimonial, devemos levar a sério os nossos próprios sentimentos. E quando o comportamento do outro nos incomoda, não adianta nada simplesmente dizer para nós mesmos: temos de aturá-lo assim como ele é. Irritação e agressões constituem sempre também um desafio ao outro. Confiamos que ele seja capaz de mudar algumas coisas em si mesmo. Transmitimos a ele a impressão que suas palavras causam sobre nós, que o fato de ele sempre chegar tarde nos incomoda. A agressão desafia o outro a trabalhar em si mesmo e a tomar consciência de si mesmo. Talvez ele nem tenha notado o efeito que suas palavras provocam em nós. A agressão é a energia que põe em movimento um processo de transformação em nós e no outro. E não há matrimônio que subsista sem essa disposição para a constante transformação.

No entanto, a despeito de todos os desejos e de todas as tentativas de mudança, sempre sobra muita coisa que precisa ser carregada e suportada. Quando o outro fica doente, precisamos carregá-lo com sua doença, com sua debilidade psíquica, com sua depressão e com sua angústia. Porém, também em casos de problemas psíquicos do parceiro ou da parceira, temos de examinar bem a nós mesmos para saber em que momento devemos simplesmente carregar e em que momento devemos desafiar o outro. Quando ele estiver depressivo, podemos ao menos insistir que ele faça algo por si mesmo, como iniciar uma terapia. Devemos falar com ele e tentar colocar-nos em seu lugar sem emitir juízo de valor ou fazer avaliações. Porém, também nesses casos devemos levar nossos sentimentos a sério. O fato de nos sentirmos irritados muitas vezes é um sinal de que o outro bem que poderia mudar algo em si mesmo. Ele, no entanto, prefere mergulhar em sua depressão. Nesse caso, a irritação é o impulso para desafiar o outro a trabalhar em si mesmo e buscar auxílio. A irritação naturalmente também pode ser um sinal de que temos de nos despedir da imagem do parceiro forte. Nesse caso, ela representa um desafio para mudar algo em nós e em nossa postura em relação ao outro.

Em todo caso, não podemos precipitadamente nos valer da frase "o amor suporta tudo" para aceitar tudo sem reclamar. Temos de identificar o ponto em que se requer o amor que suporta. Não há convívio em que não tenhamos de carregar muita coisa, tanto em nós mesmos quanto no outro. Nesse caso, porém, esse carregar não leva à resignação, mas é, antes, uma fonte de energia. Ou o carregar torna-se uma coluna que proporciona estabilidade ao matrimônio, que sustenta a casa do matrimônio, para que nós possamos morar nela confortavelmente.

Certo homem me contou que se sente impotente frente à sua esposa depressiva. Quando ele se dispõe a ajudá-la, ela o repele. Quando ele se isola e retrai, ela o censura por isso. Ela o recrimina por ser saudável. Para ele, seria fácil falar. Ele não teria ideia de como ela se sente em sua depressão. Ele não sabe mais o que fazer. Já o fato de ser saudável é motivo de recriminação. A doença pode até ser usada como arma contra o outro. Nesse caso, o primeiro passo não seria suportar, mas impor limites e proteger a si mesmo. É preciso se proteger da força agressiva da doença do parceiro. Só depois disso vem o suportar. A despeito de toda a autoproteção, ainda será bem difícil suportar o outro com sua doença e conformar-se com o fato de ter uma parceira doente que não satisfará as suas próprias necessidades afetivas. Mas ele não permitirá que a doença dela ganhe poder. Não se deixará determinar por ela. E não permitirá que ela o force a assumir um determinado papel.

Muitas vezes me assusto com a maneira como cônjuges falam um sobre o outro ou com o outro. Suas palavras reverberam um profundo desprezo ou amargura, ou resignação. Alguns desqualificam o outro com suas palavras. Eles avaliam tudo o que o outro faz. Não deixam passar nada e nem mesmo tentam entender. O amor se expressa em contatos carinhosos. Porém, um lugar essencial onde o amor ganha expressão é a linguagem. Amantes com frequência inventam uma linguagem própria para o seu amor. No entanto, ela é esquecida. No dia-a-dia do matrimônio, frequentemente se fala outra linguagem, às vezes superficial, outras vezes agressiva. Muitas vezes o que os parceiros falam entra num ouvido e sai no outro. Eles nem escutam o que o outro está dizendo, só filtram aquilo que os incomoda ou machuca. Eles enfiam as palavras do outro numa gaveta. O outro não tem qualquer possibilidade de se expressar ou de expressar seus sentimentos com palavras. A reação às suas palavras é imediata, sem que haja intenção de compreender o que ele propriamente quis dizer.

Uma importante tarefa para os cônjuges consiste em tomar consciência da própria linguagem. Onde a nossa linguagem é avaliativa, recriminadora, ofensiva? Como podemos falar um com o outro? Como podemos dizer um ao outro também coisas difíceis? Como podemos brigar sem que a briga nos divida? Lorenz Wachinger, que possui vasta experiência no aconselhamento matrimonial, pensa que: "A maneira como as pessoas, os pares, falam um com o outro revela se estão aproximando-se ou afastando-se um do outro" (Wachinger, p. 9).[3] Sobre isso, ele cita Sigmund Freud, que conta a história de uma criança que ficou angustiada na escuridão e gritou para a tia no quarto ao lado: "'Tia, fala comigo, estou com medo.' 'Mas de que lhe adianta isso, já que você não pode me ver?' A isso a criança responde: 'Quando alguém fala, já fica mais claro'" (Wachinger, *In Konflikten*, p. 10).

Quando os casais falam a linguagem do amor, as coisas já ficam mais claras em sua vida. No entanto, essa linguagem precisa ser aprendida. Ela deve dispensar as recriminações ao outro. Ela deve vir

---

[3] WACHINGER, Lorenz. *In Konflikter nicht verstummen.* Wie Paare wieder reden lernen, Düsseldorf, 1993.

do coração, revelar o próprio coração e transmitir algo do calor do coração. Desse modo, ela chegará ao outro. Palavras podem transmitir e aprofundar o amor. Mas palavras também podem destruir o amor. Palavras que ridicularizam, que machucam, que zombam do corpo do outro encravam-se profundamente na alma como um anzol. Dificilmente se pode arrancá-las sem aumentar o ferimento. É preciso proceder com cuidado para encontrar as palavras que consolidam e aprofundam o amor.

Para alguns casais que se encontram em crise, as palavras do amor que tudo suporta e a tudo resiste são um auxílio para superar a crise. Eles não desistem tão facilmente. Eles têm esperança de que sairão fortalecidos do conflito. Sempre tento apoiar nesse sentido os que procuram conselho. A crise também é uma oportunidade. Se conseguirem passar por ela, terão feito muito por si mesmos e pelo outro. E a crise os desafia a verificar melhor como entendem a si mesmos e seu matrimônio. Quem são realmente? Não têm talvez uma imagem equivocada de si mesmos? E que ideia concebem do matrimônio? Talvez a crise queira destruir essas imagens, para que possam ver a si mesmos e a seu matrimônio de modo mais realista. Talvez, passando pela crise, cheguem ao cerne de sua verdadeira essência e ao cerne de seu convívio.

Por essa razão, sempre recomendo investir alguma coisa no matrimônio, procurar um aconselhamento matrimonial ou uma terapia de casais, quando não se consegue mais avançar sozinho. O matrimônio é algo precioso. Deveríamos envidar todos os esforços para preservá-lo. Deveríamos cogitar uma separação somente quando não há mais jeito, quando estamos ficando doentes e quando o peso ameaça esmagar-nos. Mas mesmo nesses casos seria bom experimentar uma separação temporária. Às vezes cada um necessita de um pouco mais de espaço para ver mais claramente. Quando os dois se engalfinham em constantes rixas, uma separação ajuda a tomar distância e a valorizar o outro novamente a partir dessa perspectiva.

Sobre outros cônjuges, no entanto, as palavras do amor que tudo suporta têm antes um efeito opressivo. Eles ficam com sentimentos de culpa pelo fato de seu matrimônio ter entrado em crise, têm a sensação de que não deveriam desistir de jeito nenhum. Deveriam suportar tudo, não importando quão ofensivo e humilhante seja o tratamento que lhes é dado pelo parceiro. Principalmente pessoas religiosas, que com frequência ficam presas na armadilha dos sentimentos de culpa. Isso é tão grave para elas que preferem permitir que façam o que quiserem com elas a incorrer em alguma culpa. No entanto, um amor tão onerado com sentimentos de culpa jamais será bem-sucedido. Ele não curará nem o matrimônio nem a nós mesmos. Ele se tornará, antes, um peso a nos oprimir. Nesse caso, é importante admitir para nós mesmos que somos seres humanos e que não podemos carregar tudo. Estamos dispostos a carregar a carga que Deus nos impõe. Porém, Deus não nos quer sobrecarregar. Certamente não é a vontade de Deus que desabemos sob o peso da carga, mas apenas a nossa concepção da vontade de Deus. As palavras de São Paulo nos desafiam a não desistir rápido demais. Elas não são, porém, uma espada de Dâmocles a pender sobre nós e a nos ameaçar. Às pessoas que se flagelam com sentimentos de culpa e, por isso, muitas vezes vão parar num beco sem saída, recomendo que meditem sobre a palavra de 1João 3,20: "Mesmo que o coração nos condene, Deus é maior do que o nosso coração e sabe tudo".

Em sermões proferidos nas cerimônias de casamento frequentemente se proclama com bastante vivacidade que o amor jamais acaba. No entanto, a estatística mostra que o ideal da indissolubilidade do matrimônio está cada vez mais combalido. E para muitos a indissolubilidade do matrimônio representa antes uma exigência pesada que lhes infunde medo, porque não podem oferecer garantias para si mesmos. Como podemos falar de modo realista do amor que jamais acaba? Muitos fazem a experiência de que o amor se esvai ou desmorona. O amor, enquanto sentimento, acaba. Sentimentos são inconstantes. Portanto, a promessa de que o amor jamais acaba não pode estar referindo-se ao sentimento.

Lorenz Wachinger relaciona essa promessa com o anseio do ser humano por uma identidade clara. Em última análise, passando por todas as experiências com o amor, procuramos encontrar a nós mesmos, achar um lar em nós, chegar a nós mesmos. "As vicissitudes do amor, incluindo separação e divórcio, fazem parte dessa busca pela identidade. (...) Muitos divórcios não são simplesmente acidentes relacionais e infidelidade, mas crises no caminho para se tornar humano" (Wachinger, *Ehe*, p. 149).[4] No amor a uma pessoa, ansiamos por encontrar o nosso *self* verdadeiro. No entanto, muitas vezes não nos encontramos. Por isso, voltamos a nos separar para chegar a nós mesmos em outra relação.

Apesar de toda a inconstância dos sentimentos, ansiamos por encontrar nossa identidade. A imagem da indissolubilidade do matrimônio pode apoiar-nos nessa jornada. Nesse tocante, não devemos tomar a indissolubilidade como algo absoluto. Caso contrário, ela apenas produziria angústia em nós e nos sobrecarregaria. Porém, enquanto ideal, ela nos mantém no rumo da nossa identidade. Não estamos sujeitos somente a sentimentos inconstantes. Enquanto pessoas, somos projetados para per-

---

[4] Op. cit.

durar. Estamos em busca de uma identidade permanente, que perdura até para além da morte. Não devemos relegar *ad acta* nem a promessa de São Paulo de que o amor jamais acaba, nem o ideal da indissolubilidade do matrimônio, usando o simples argumento de que hoje ambos não seriam mais realizáveis. Em consequência, Wachinger vê a palavra de Jesus a respeito da indissolubilidade do matrimônio como um auxílio para a busca da nossa própria identidade que resiste às mudanças de época:

> Quando Jesus desafia o ser humano a deixar de lado seu apego à época e não viver o matrimônio segundo o esquema do tempo de uso e do tempo de desgaste, ele me lembra da minha identidade; o crente a compreende como identidade oferecida, presenteada, desde o meu ser-criado, desde o meu "início", que, assim como o meu "fim e alvo", se situa fora do tempo dos relógios. Derivar o matrimônio dessa identidade significaria eximi-lo das vicissitudes do tempo, significaria torná-lo indissolúvel, tornaria confiança e fidelidade, paciência e solidariedade irrevogáveis. É por isso que ansiamos; é o que necessitamos desde a infância para sermos humanos e livres (Wachinger, *Ehe*, p. 150).

Não é possível proteger a indissolubilidade com mandamentos. Ela é um desafio para desenvolver a identidade própria. Mas nem sempre conseguimos aceitar essa incumbência. Temos de viver com isso e podemos recomendar-nos à misericórdia de Deus que não nos condena, mas nos encoraja a continuar em busca de nossa identidade.

Mesmo que Paulo não tenha em vista primeiramente o matrimônio, quando exalta o dom do amor que Deus nos presenteou em Jesus Cristo, suas palavras poderiam, ainda assim, representar um desafio no sentido de ponderar e configurar com todo cuidado a jornada conjunta no matrimônio. Esses versículos não são alheios ao mundo. Eles só precisam ser traduzidos para a situação real do casal. Então poderão representar, nas mais diferentes situações em que se encontrarem os casais, um indicativo do caminho a seguir para que o convívio seja coroado de êxito. Nesse caso, as palavras do apóstolo não simulam a ilusão de um mundo perfeito. Elas descrevem, antes, com sobriedade uma maneira de os casais viverem o seu amor concretamente.

Não há amor bem-sucedido no matrimônio sem que um acredite no outro e tenha esperança nele e por ele. O amor quer levar os casais a se aproximarem cada vez mais da verdade sobre si mesmos. Acha que são capazes de encarar a verdade sobre eles mesmos. Matrimônio não significa refugiar-se em belos sentimentos de amor. Ao contrário, o cotidiano do matrimônio tornará manifestos todos os aspectos sombrios. Reconheceremos no outro, como se fosse um espelho, nossa própria carência: nossos desejos quanto ao amor do outro e também nossos déficits quanto ao amor que vivenciamos na infância. Contemplar a verdade sobre nós e a verdade sobre o outro muitas vezes é um processo doloroso. No entanto, ele acaba aprofundando o amor e permite que experimentemos um amor que não só torna manifestos os ferimentos, mas também é capaz de curá-los.

Conclusão

Cara leitora, caro leitor, desejo que façam constantemente a experiência gratificante de que dentro de vocês há uma fonte de amor que nunca seca, porque é divina, e que possam sempre estar em contato com esse amor. Desejo que sintam em vocês o calor do amor que impregna seu corpo e sua alma, que os aquece por inteiro e proporciona calidez também à sua linguagem. Desejo-lhes também que não só façam a experiência do amor divino em vocês, mas que experimentem também a dádiva do amor humano. Porque a fonte do amor em nós só começa a jorrar pela experiência do amor humano. E o calor do amor só consegue aquecer-nos por inteiro se for constantemente avivado pelo encontro com pessoas que estão cheias de amor.

Sempre necessitamos de duas coisas: por um lado, a experiência do amor humano, que implica amar e ser amado, e, por outro, o reconhecimento de um amor que constitui o fundamento de todas as experiências de amor – o amor divino que sustenta nosso amor humano. As nossas experiências humanas de amor sempre são limitadas. Apesar de todo o saber psicológico e filosófico e apesar de toda a espiritualidade que nos empenhamos em acumular, experimentaremos sempre simultaneamente a beleza e a fragilidade do nosso amor. Isso não deve desencorajar-nos: ao contrário, tanto na satisfação quanto na decepção, devemos intuir o amor como o fundamento originário de todo ser. Esse fundamento originário do amor, esse amor divino, está presente como centelha em todo amor humano, por mais frágil que seja. Essa confiança no fundamento do amor nos permite encarar aberta e honestamente nossas experiências gratificantes e decepcionantes com o amor. Podemos olhar de frente a verdade sobre o nosso amor, porque sabemos que, até mesmo no amor malogrado, ainda está presente uma centelha do amor divino e que, mesmo experimentando o fracasso, ainda podemos entrar em contato com a fonte interior do amor.

Essa confiança de que o poder do amor divino está presente no nosso amor, muitas vezes tão quebradiço, pode representar um auxílio a casais no sentido de eles se envolverem na aventura de seu amor mútuo. Eles não precisam ter medo de que o amor de repente lhes escorra por entre os dedos ou de que não possam segurar para sempre os sentimentos mais elevados do amor. Eles podem envolver-se em seu amor concreto, com todos os altos e baixos, porque em todas as facetas desse amor reconhecerão algo dessa centelha divina. A satisfação e a decepção de seu amor remetem à fonte interior do amor que não lhes poderá ser tirada por nenhuma pessoa, por nenhum fracasso e por nenhuma ofensa.

A meditação sobre o canto maior ao amor é útil também para todas as pessoas que vivem conscientemente como não casadas ou que em algum momento tiveram de conformar-se com seu papel de solteiras. Paulo lhes indica um caminho para chegar ao amor que está no fundo de sua alma, movidas por seu anseio por amor. Não há quem seja sem amor. Em cada um de nós há esse amor que proporciona sentido e satisfação à nossa vida. Conseguimos avançar até esse amor que está no fundo de nossa alma até mesmo através da falta de amor. O caminho até esse amor no fundo do nosso ser passa pelo ato de lastimar o déficit de amor. Paulo não quer oferecer aos não-casados um consolo barato na forma do amor a Deus. Ao contrário, todos fazem a experiência do amor humano. Muitas vezes ele não é como gostaríamos que fosse. Porém também a experiência deficitária com o amor serve para nos lembrar da fonte do amor divino que jorra dentro de nós.

Os versículos do canto maior ao amor que nos foram presenteados por Paulo querem trazer e reavivar constantemente à nossa lembrança a centelha divina do amor que está em nós. Quando isso acontecer, vivenciaremos o nosso amor humano de modo realista. Não desesperaremos. Tampouco reprimiremos o caráter frágil do amor. Em toda experiência do amor entre amigos, do amor matrimonial, do amor sexual, do amor espiritual, teremos contato com o amor fundado em Deus e que nos foi presenteado por Deus como um poder que proporciona à nossa vida um sabor divino. E nós intuiremos nesse amor o fundamento de todo ser, o fundamento que sustenta tudo. É esse amor que impregna todo o ser e, por isso mesmo, é ao fundamento último de todo ser que se aplicam estas palavras de São Paulo: "O amor jamais acaba".